Success15 fifteen

サクセス15
March 2013
3

http://success.waseda-ac.net/

■ CONTENTS ■

本気の君が始まる

早稲田アカデミーイメージキャラクター
伊藤 萌々香（Fairies）

新学期生受付中

「本気でやる子を育てる」… 早稲田アカデミーの教育理念は不変です。

本当に「本気」になるなんて長い人生の中でそう何度もあることではありません。受験が終わってから「僕は本気で勉強しなかった」などと言い訳することに何の意味があるのでしょう。どうせやるんだったら、どうせ受験が避けて通れないのだったら思いっきり本気でぶつかって、自分でも信じられないくらいの結果を出して、周りの人と一緒に感動できるような受験をした方が、はるかにすばらしいことだと早稲田アカデミーは考えます。早稲田アカデミーは「本気でやる子」を育て、受験の感動を一緒に体験することにやりがいを持っています！

入塾説明会

2/16（土） 10：30～
3/16（土） 10：30～

最新の受験資料を無料で配付

- 入学案内・パンフレットの他にオリジナル教材等も配付致します。
- 中高受験の概要についてもお話し致します。これから受験を迎えられるご家庭の保護者の皆様にとっては、まさに情報満載の説明会です。お気軽にご参加ください。

※ 校舎により日時が異なる場合がございます。

入塾テスト 無料

毎週土曜・日曜（2/17・24 3/3・10 除く）
土曜 14：00～　日曜 10：30～

- 小学生／算・国 ※新小5S・新小6Sは理社も実施
- 中学生／英・数・国

希望者には個別カウンセリングを実施

新中1～新中3 無料体験授業 受付中！

早稲田アカの授業を体感しよう!!

- どなたでもご参加頂けます。
- 詳細は早稲田アカデミー各校舎まで。

入塾された方 全員にプレゼント

早稲田アカデミーオリジナルペンケース（青またはピンク）＆ペンセット

一流中学 高校受験 **早稲田アカデミー**

お申し込み、お問い合わせは

中1準備講座実施要項

日程　**第2ターム…2/28(木)、3/5(火)、7(木)、12(火)、14(木)、19(火)**
※校舎により授業実施日・時間帯等が異なる場合があります。
※詳しくは最寄りの早稲田アカデミー各校にお問い合わせください。

時間　**東京・神奈川→ 17：00 ～ 18：40**
多摩・埼玉・千葉・高島平校・つくば校→ 17：10 ～ 18：50

費用　**各ターム：(2科) 9,000円**
(単科) 5,000円

会場　**早稲田アカデミー各校舎(WAC)除く**

中1準備講座カリキュラム

英語　必ず英語が好きになる充実した授業

スタートはみんな同じです。でもなぜ英語が苦手になってしまう人がいるのでしょう？　それは英語に興味が持てず、中1のときにつまずいてしまうからです。早稲田アカデミーでは、「楽しい英語、好きになる英語」をテーマに、中学校で役に立つ勉強とともに、クイズやパズルなども取り入れた学習をします。

初級：第1ターム → 第2ターム
中級：第1ターム → 第2ターム

	カリキュラム	この回の目標
1	**英語の世界へようこそ** ABCとabcをマスターしよう	4線を使ってアルファベットの大文字・小文字を一通り正しく書くことができる。
2	**身の回りの英語** これはtable?、それともdesk?	アルファベットの大文字・小文字を順番に書け、発音することができる。平易な単語を書くことができる。
3	**英語で言ってみよう** 犬はdog、ネコはcatって言うんだ	日本語の意味を見て英単語を書くことができる。また、英単語を見て日本語に直すことができる。
4	**英語で文を作ろう** ぼくのもの・あなたのもの	This is my book.といったThis/Thatを使って一つの文を書くことができる。冠詞・所有格を使うことができる。
5	**英語で質問しよう①** これは何だろう?	This/That の文の否定文・疑問文を作ることができる。疑問詞Whatを使った文で質問できる。
6	**英会話をしてみよう** 自己紹介しよう	I am~. / You are~.の肯定文や否定文、疑問文を使って自己紹介をすることができる。名前をローマ字で書ける。
7	**英語で自己紹介しよう** 私は英語が大好き	be動詞の文との違いを理解し、likeやplayなど一般動詞を使った肯定文や否定文を作ることができる。
8	**英語で質問しよう②** リンゴとオレンジ、どっちが好き?	一般動詞の否定文・疑問文を作ることができる。be動詞の文と一般動詞の文の問題が混在していても対応できる。
9	**英語で友達を紹介しよう** 彼女は私の親友です	He is~. / She is~.の肯定文や否定文、疑問文を使って友達を紹介できる。疑問詞Whoを使って質問できる。
10	**英語で数えてみよう** ケーキはいくつある?	名詞・代名詞の複数形を使って文を作ることができる。How many~?を使って質問し、答えることができる。
11	**総合問題**	単語と発音・be動詞の文・一般動詞の文
12	**発展問題**	主語が3人称単数の一般動詞の文の肯定文・否定文・疑問文を作ることができる。

数学　算数から数学への橋渡し！

中1で最初に習う『正負の数』から『方程式』までを学習します。中でも正負の数・文字式は、中1の1学期の中間・期末テストの試験範囲でもあります。小学校の算数の復習をしながら基礎力を大幅アップ！　算数嫌いの人も数学がきっと好きになります。中学受験をした人は上級カリキュラムで中1夏までの内容を先取りします。

初級：第1ターム → 第2ターム
中級：第1ターム → 第2ターム
上級：第1ターム → 第2ターム

	カリキュラム	内容
1	小学校の復習①	数と計算・図形・文章題
2	小学校の復習②	平均・速さ・割合・比と比例
3	小学校の復習③	平面図形と面積・立体図形と体積
4	正負の数①	数の大小・正負の数の加法と減法 加減の混じった計算
5	正負の数②	正負の数の乗法・正負の数の除法 累乗と指数・四則の混じった計算
6	文字と式①	積と商の表し方・1次式の加減乗除 式の値
7	文字と式②	数と式・数量の表し方 文字式の利用
8	方程式の解き方①	等式と方程式 等式の性質
9	方程式の解き方②	一次方程式 移項と方程式の解法
10	総合問題	正負の数・文字と式・方程式

中1コース開講までの流れ

冬休み …… 1月 …… 2月 …… 3月 …… 4月

小6総まとめ講座（小学校内容のまとめ講座実施） → **中1準備講座** → **新中1学力診断テスト 保護者対象ガイダンス** → **中1コース開講**

先を見据えた習熟度別クラス

レベル別のカリキュラムだからしっかり先取りできる！

早稲田アカデミーの中1準備講座は習熟度別のクラス編成になっています。だから、自分のペースにあった環境でしっかりと理解し、先取り学習をすることができます。さらに、その先の難関高校合格や難関大学合格につながる学習環境を用意しています。中1準備講座で最高のスタートを切ろう！

英語
- 初級 → 英語の勉強が初めての方。塾に通うのが初めての方。
- 中級 → Kコースなどで英語の学習経験がある方。

数学
- 初級 → 数学の勉強が初めての方。塾に通うのが初めての方。
- 中級 → Kコースなどで数学の学習経験がある方。
- 上級 → 中学受験をされた方。

中1　新しい環境でスタートダッシュ。「本気でやる」習慣をつけます。

一人ひとりに講師の目が行き届く人数で授業を行うのが早稲田アカデミーです。中1ではまず学習習慣を身につけることが大切。一人ひとりに適切な指導をし、「本気でやる」姿勢を植えつけます。難関校受験へ向けて確かな学力を養成していきます。

S コース	選抜コース 英数国3科	英語 数学 国語	**火曜・木曜・土曜** 東京・神奈川 19:00～20:30 千葉 19:10～20:40 多摩・埼玉・茨城 19:15～20:45	授業料 17,500円
R コース	レギュラーコース 英数国3科	英語 数学 国語		授業料 17,500円
理社 コース	選抜コース レギュラーコース	理科 社会	**木曜・土曜** 東京・神奈川 20:40～21:30 千葉 20:50～21:40 多摩・埼玉・茨城 20:55～21:45	授業料 7,500円

※一部の校舎では時間帯等が異なります。

※ 難関中高受験専門塾ExiVでは上記と実施日・時間帯等が異なる場合があります。詳しくはお問い合わせください。

The University of Tokyo

Vol.025

text by Tommy

東大への近道

自分にとって当たり前なことを大切にしよう

　こんにちは。これまでおよそ2年にわたって連載をさせていただきましたが、私が大学を卒業するため、今月号で次のかたへバトンタッチすることになりました。

　私の書くコラムの最終回としてなにを取り上げるか最後まで悩みましたが、ここは初心に戻って「東大への近道とはなにか」について勝手気ままに語りたいと思います。情報が盛りだくさんのため、難しい表現もあるかと思いますが、これまでの記事をお持ちの方は、それらも振り返りながらお読みいただけると幸いです。

　私は1年浪人したのち、東京大学に入学しました。そんな私が東大への近道を語ること自体、差しでがましいことではありますが、周囲の東大生の協力を得ながら、自身の反省も兼ねて始めたのがこのコラムです。

　最終回にあたりこれまでの記事を改めて読み返すと、どの記事もきわめて当たり前な事実の羅列だったように思います。読者のみなさんにはやや退屈な話に思われたかもしれません。しかし、まさにこれらのなかに私が一番伝えたいメッセージがあります。

　それは、いままで何度も繰り返した言葉（賢明な読者のみなさんなら、耳にタコができているのではないでしょうか）「当たり前のことを繰り返す」ということです。

　どんな勉強法も人によって合う、合わないがありますが、これは万人に当てはまります。そして、勉強だけに限って言えることではありません。

　周囲の親切に対して感謝の気持ちを伝えているか？　身の回りの整頓ができているか？　他人に優しくしているか？　つねに目標を持って生きているか？　これらは客観的に聞けば当たり前のことかもしれませんが、日々の生活で実現し続けるのは困難なことばかりです。

　私が尊敬する大学の友人はみな、こうした当たり前を大切にしているように思います。ゆえに素敵な出会いを引き寄せ、夢や目標に向かう心強い同志を集めるのだと思います。

　こうして人と人とを繋ぐ"鎹《かすがい》"となる人物こそ、さまざまな経験から多くを学ぶことができるのです。どんな出来事も、人と人とがつながりあう現場以外では起こりえませんから。

　夢を与えてくれるのも、やはり人です。イチロー選手に憧れて野球選手をめざすように、「私もこうなりたい」と感じた瞬間からそれが夢となり、夢は日々の努力の原動力となります。

　さて、話が広がってきたところで原点に戻ると、私はこの世の中に近道があるとは思いません。あるとすれば王道、すなわち目標へと一直線に進むわかりやすい道です。多くのみなさんはその王道の存在を認めている、けれどもなかなか王道を行くことができないでいるのではないでしょうか。

　そんなみなさんに寄り添った記事であったならば、私が2年かけてコラムを続けた甲斐があったというものです。

　私が最後にみなさんに送るアドバイスは、自分にとっての当たり前をいま一度点検してみるということです。そして当たり前を繰り返す難しさを再認識してみましょう。

　最後になりましたが、コラムの連載を支えてくださった編集部の方、大学の友人たち、そしてなにより辛抱強くお付きあいくださった読者のみなさんに感謝を伝え、最終号の結びとします。

▶▶▶ 近道は目標へと一直線に続く王道

みんなの視野が広がる！
海外修学旅行特集

高校での大切な行事の1つに修学旅行があります。
学校によって実施内容はさまざま。行き先も日本だけにとどまらず、
普段できない体験ができる海外への修学旅行を行う学校も。
今回はそんな海外での修学旅行を実施している学校のなかから、
開智高校、芝浦工大柏高校、成蹊高校の修学旅行について、
生徒や先生のお話も交えてご紹介します。

開智高等学校S類 アメリカ研修旅行

異文化を知り、理解して見聞を深めていく旅

開智高等部の修学旅行はS類とD類で旅行先が違います。そのうちS類はアメリカの東海岸を訪れます。この研修旅行は「Contemporary Issues」という2年間をかけた学習プログラムの一部に位置づけられています。

栃村《とちむら》 亮太《りょうた》くん

浅霧《あさぎり》 琴絵《ことえ》さん

今年度のアメリカ研修旅行は2012年の10月末に5泊7日で実施されました。

毎年、この研修旅行の大きな柱は全部で3つ。まずは2日目に訪れるNASA（アメリカ航空宇宙局）での研修です。

「施設見学や普通は入れない政府関連施設内のトラムツアーに加えて、本校とNASAが協力して実施する『アウタースペースアカデミー』が特徴です。NASAの研究員が1クラス1人ぐらいの割合でついてくれて、簡易な材料をもとに物理の原理を必ず使いながらあるミッションをこなすのです。今年度は『ロボットアーム』の製作でした。」（加藤克巳先生）

次にワシントンDCにあるスミソニアン博物館群です。国会議事堂前の「ナショナル・モール」と呼ばれる地区にはさまざまな博物館や美術館が配置されています。ここで朝から夕方まで時間の許す限り、班ごとに研修・見学をします。

「航空宇宙博物館には、ライト兄弟が実際に乗った初めての飛行機が置いてありました。解説も映像付きでわかりやすくて、インパクトが違いました。すごく興味をそそられる配置でしたね。」（栃村くん）

「こんな大きな美術館でも無料で入ることができるので、住んでいる人はいつでも絵画を通して歴史を学べたりすることに魅力を感じました。」（浅霧さん）

そして3つ目が学校訪問です。訪問先はそのときどきで変わり、今回はペイント・ブランチハイスクールとモンゴメリー・ブレアハイスクールの2つに分かれて訪問しました。

ここでは歓迎セレモニーのあと、現地の生徒と開智生が1対1でペアを作り、現地校の授業にいっしょに参加、ランチも食べて最後にフェアウェルセレモニーという流れになっています。そのため、ペアになった相手としっかりコミュニケーションをとることが必要になります。

「英語では通じることもそうでないこともありましたが、通じたときのうれしさが、いま英語を学ぶ楽しさ、向上心につながっています。」（浅霧さん）

この3つの研修や合間の観光、食事などを通して「『アメリカは自由』というイメージを持っている子がほとんどですが、その裏にある自己責任の強さなどを感じ、異文化とぶつかり、それを消化して乗り越える経験」（加藤先生）を積むことができるのが開智のアメリカ研修旅行です。

スミソニアン
ナショナルモールにて

NASA研修

アウタースペース
アカデミーでの様子

学校訪問

事後学習

これまでに立ててきた仮説が、その後の調査や研修旅行で実証されたり、反対に間違っていることがわかったりとさまざまな壁がありますが、それを乗り越えて、3学期の1月に最終論文を提出します。それがまとめられ、毎年「Contemporary Issues」という1つの冊子になります。

毎年まとめられている「Contemporary Issues」

事前学習

開智のS類では、丸２年間を使って「Contemporary Issues」というプログラムに取り組みます。これは「現代的課題」という意味で、現代社会が抱える課題＋自分の興味や関心について調べることで自分自身の進路選びにつなげていきます。

１年生の４月の時点で２年間調べていくテーマを決定、２学期に１次発表があります。そして２年生の９月には２次発表としてポスターセッションが行われます。テーマについて立てた仮説を実際に調査する一環として、このアメリカ研修旅行も位置づけられています。

右ページに登場してもらった栃村くんは「ロボットに生命を任せられるか」、浅霧さんは「アメリカの肥満問題」がテーマでした。

ポスターを使ってここまでの研究について発表（高2の9月）

School Data

所在地：埼玉県さいたま市岩槻区徳力西186
生徒数：男子577名　女子308名
ＴＥＬ：048-794-4321
アクセス：東武野田線「東岩槻」徒歩15分・スクールバス
ＵＲＬ：http://www.kaichigakuen.ed.jp/

芝浦工業大学柏高等学校 オーストラリア海外研修旅行

現地の人と触れ合う機会がたくさん ここでしかできない経験をしよう！

芝浦工大柏の海外研修旅行は、滞在期間を目一杯使った充実のプログラムです。環境学習、学校間交流、海外の大学を知る、という3つの柱に加え、英語を使ったコミュニケーションを重視しています。

北村《きたむら》 聡宏《あきひろ》くん
恩田《おんだ》 知穂《ちほ》さん
別所《べっしょ》 想実《あいみ》さん

芝浦工大柏の海外研修旅行は、高校2年次の6月に行われます。行き先はオーストラリアで、日程は6泊7日（うち機中2泊）です。

1日目の夜に成田空港を出発し、翌日の朝早くにシドニーに到着。その足でブリスベンに移動し、オーストラリアに生息する動物が飼育されている「ローンパイン・コアラ・サンクチュアリ」を訪れます。

「ここではコアラやカンガルーにも触れられるし、鳥やほかの動物もその辺りを飛んだり歩いていて驚きました。」（北村くん）

夕方にブリスベンの港から、船でさまざまな環境保護プログラムが行われているリゾート地のモートン島に向かいます。この島は長い年月をかけて砂が堆積してできた島で、中心部には巨大な砂丘があります。翌日はここで開放されている砂丘から板で滑り降りるアクティビティと、現地スタッフによる自然環境学習（エコツアー）をすべて英語で実施、さらに夜になると付近に生息するイルカの餌付け体験ができます。

「地平線、水平線がキレイに見えて、気候も全然違う。こういうところで育ったら、考え方も私たちと違って当然だなと身にしみて感じました。」（別所さん）

「砂丘の成り立ちや保護の話、エコツアーでアボリジニの生活の知恵を直接体験できたことなど、すごく充実感があるプログラムでした。」（恩田さん）

4日目はモートン島からブリスベンに戻り、姉妹校提携を結んでいるリディーマー校で学校交流があります。

ここでは文化交流とスポーツ交流、さらに今年度からは、事前に手紙をやり取りし、そのグループ同士でも交流する「ペンパル交流」もスタートしています。

「普段勉強しているのと、実際会話してみるのとではやっぱり違いがあるので大変でしたが、ジェスチャーなどで必死にコミュニケーションをとりました（笑）。」（北村くん）

5日目はブリスベンにあるクイーンズランド大学を訪れます。海洋環境学習の講義を英語で受け、広大な敷地内を学生に案内してもらいます。

「日本とは大学の規模も違いますので、海外で学ぶとはどういうことなのか、雰囲気を感じてもらい、将来の選択肢としての目線を持たせたいという狙いがあります。」（手塚耕二先生）

そして現地滞在の最終日は、朝、ブ

学校間交流では文化交流、スポーツ交流を行い、そのあとはみんなで仲良くバーベキューをします。

イルカの餌付け

エコツアーで環境学習

板に乗って砂丘の上からGO！

現地レストランでのディナー。班別に行動し、注文ももちろん自分たちで。

最終日は乗り継ぎ時間を利用してシドニーで過ごします。

クイーンズランド大学

リスベンを出発し、シドニーで乗り換え。その間の時間を利用し、市内を班ごとに移動する班別研修があります。

これ以外にも、全日程を通じて、食事や観光ではなるべく生徒たちだけのグループで行動し、現地の人と英語を使ってコミュニケーションを図る機会を作っています。

「オーストラリアで有名な観光地に行くのは大人になってからでもできます。モートン島での体験や大学の講義など、こういったときでなければ体験できないことを楽しみながら学び、視野を広げることができるのが芝浦工大柏の海外研修旅行です。」（手塚先生）

その後に生きる海外研修旅行の経験

中学・高校生を対象に、インターネット上の教材コンテストを行っている「ThinkQuest JAPAN」。芝浦工大柏では、このプログラムに中2から高1までは全員参加、高2は希望者が参加し、2012 年も高校部門で最優秀賞を受賞するなど毎年入賞者を出している。

今回取材に協力してくれた別所さんもこのプログラムに取り組んでおり、そのテーマは「水問題」について。「この海外研修旅行で『生水を飲んではいけない』など、日本ではできない水にかかわるいくつかの経験をしたことがきっかけ」（別所さん）になったそう。「生徒の視野を広げる」（手塚先生）という狙いが形になっていることがよくわかる一例だ。

School Data

所在地：千葉県柏市増尾700
生徒数：男子590名　女子293名
ＴＥＬ：04-7174-3100
アクセス：東武野田線「新柏」徒歩25分・スクールバス、JR常磐線「柏」スクールバスまたは路線バス
ＵＲＬ：http://www.ka.shibaura-it.ac.jp/

事前学習

事前学習としては、旅行にあたってのガイダンスや、学校交流のための準備などが行われる。

また、現地でのペンパル交流に向けて、高校１年次の終わりから手書きの手紙のやり取りをスタートする。

成蹊高等学校 中国・香港学習旅行

個性豊かなコースの数々！ 教員と生徒が自由に作る旅行

修学旅行は、２年次に学習旅行という名前で希望者を対象に実施されます。自由に選べるさまざまなコースのなかから、今回は、香港に旅行した生徒と担当の先生にお話を伺いました。

川口《かわぐち》 恭平《きょうへい》くん

濱田《はまだ》 佳奈子《かなこ》さん

Hong Kong

成蹊高等学校の学習旅行は、学年の約９割の生徒が参加している人気行事です。

行き先は国内が屋久島や北海道など、国外は韓国、台湾、ベトナム、イタリア、シンガポール、中国コースなどがありました。1コースは20名以上としていますが、なるべく少人数で、普通はできない体験・出会い・学びをすることが学習旅行の大きな目的となっています。

「行き先から内容までを、生徒と教員がその年ごとに自由に提案できるので、毎回各コースのカラーが強い旅行であることが特徴です。北海道の原野でのサーモンフィッシングや、ときには日本史の教員と韓国へ行き、日本では知られていない韓国の歴史を学ぶなど、教員の担当科目を重視した専門性の高さも魅力の1つです。」（斎藤敬子先生）

さまざまなコースがあるなかで、「活気ある中国を見せたい」と中国人の教員によって提案された香港学習旅行が、昨年の12月に行われました。

「ヒューマンパワーを感じる旅」と題し、香港で活躍する2つの日本企業を訪問することが目的の1つ。そのほかにも香港の現地大学生との交流や、香港ディズニーランドへ行くなど盛りだくさんの内容です。

訪問した大手総合商社の香港事務所では、なかなか見ることのできない商社の仕事を知ることができました。

また、香港の「無印良品」も訪問しました。川口くんはその感想を「品質や接客など、日本風のサービスが提供されていて、それが無印良品が世界で活躍している要因だと感じました。働く方のモチベーションも高く、香港の激しい競争のなかで日本の経営戦略マネジメントが発揮されていることに感動しました」と目を輝かせます。

香港のディズニーランドについて濱田さんは、「さまざまな国の人が遊びに来ていて、文化の違いを感じる場面がありました。遊びに行ったつもりでも、勉強になることがたくさんありました」と話しました。

最後に今回の学習旅行を振り返って、「香港の方々が日本に強い関心を抱いてくれていることを感じることのできたいい旅行でした」と斎藤先生は話します。さらに濱田さんも「今回のようにきちんと調べ、いろいろな視点で物事を見ることが大切」と、学びの多い学習旅行であったことを語ってくれました。

こんなコースも！

ベトナムコース。メコン川支流クルージングの様子

韓国コース。韓国の高校生から伝統楽器を習う様子

シンガポールコース。マーライオン前

このほかにも、学習旅行の写真を成蹊高校のホームページに多数掲載していますのでご覧ください。

有名な香港の
道教寺院「黄大仙《ウォンタイシン》廟」を
訪れました

香港の無印良品の
現地スタッフと話をする
濱田さんたち

現地大学生から
飲茶のマナーを
教わりました

店内で
ノートをとる生徒の
みなさん

2011年度は
ヤクルトの広州工場を
見学しました

現地スタッフの方は、
香港の無印良品のことを
丁寧に教えてくれました

事前事後学習について

事前学習と事後学習を伴うため、学習要素が高いことも学習旅行の特徴です。

事前学習では、各自で中国に関する新聞記事を集め、内容を要約し意見をまとめることが夏休みの課題でした。それをもとに、11月には新聞社より記者を招き、中国・香港に関する講演会も行われました。

「いろいろ調べて知っているつもりでしたが、新聞記者の方の話を聞いて、もっとニュースをきちんと把握して時事能力を鍛えたいと感じました。」（濱田さん）

もう1つの事前学習は、香港で訪問する総合商社と無印良品の日本での見学です。川口くんはその感想を、「香港へ行く前に、日本での様子を理解していたからこそ、香港で各社を訪問したときに日本とどこが違うか、工夫している点などを比較することができ、とても有意義な体験になりました」と話します。

事後学習については現在進行中とのことで、班ごとに学習旅行の内容をまとめている最中でした。

「香港で体験したことを、たくさんの記録を基に1冊の新聞型の冊子にまとめる予定です。情報の分量が多いのでそれぞれ分担を決めて作っています。」（濱田さん）

できあがった新聞は、新聞社の方などお世話になった方々にもお送りする予定です。

香港学習旅行
しおり
学習旅行
フィレンツェへの旅

各コースで旅行のしおりも作成。

School Data

所在地：東京都武蔵野市吉祥寺北町3-10-13
生徒数：男子552名　女子414名
ＴＥＬ：0422-37-3818
アクセス：JR中央線・JR総武線・京王井の頭線「吉祥寺」、西武新宿線「武蔵関」徒歩20分
ＵＲＬ：http://www.seikei.ac.jp/jsh/

部屋を片づけ、頭もスッキリ

新年度をきれいな部屋で迎えるために

みんなはもう新年度を迎える準備はできているかな。気持ちを新たにするためにも、散らかった部屋を片づけてみない？ 片づけにはすごいメリットが隠されているよ。整理収納アドバイザーの大熊千賀さんに片づけの方法を聞きました。

片づけることには3つのメリットがある

勉強の途中に、「あっ、そうだ。あれを調べよう」と思って塾のプリントを探そうと思ったら、プリントがたくさんありすぎて、どこにあるのかわからない、なんて経験をしたことがある人も多いはず。プリントを探す時間はもったいないし、なかなか見つからないとイライラしてしまう。

でもそんなとき、ちゃんとしまってあるところがわかっていると、すぐに勉強に戻ることができるし、勉強ももっとはかどる。机や引き出しがきれいに収納されていると勉強の効率もよくなるんだ。

それでも、「いつもお母さんに怒られるけど、片づけるの苦手だし…」と思っている人も多いだろう。

「私たちは英語や数学は教えてもらいますが、『片づけ』のやり方は、じつはお母さんにも教えてもらってないんです。つまり、いまできないのは方法を知らないだけなんです。」

そう話すのは、整理収納アドバイザーの大熊千賀さん。だから、いまは片づけが上手じゃなくても大丈夫。ちょっとの工夫でみんなも片づけ上手になれるんだ。

大熊さんは、片づけには3つのメリットがあると言う。それは時間的メリット、経済的メリット、精神的メリットだ。

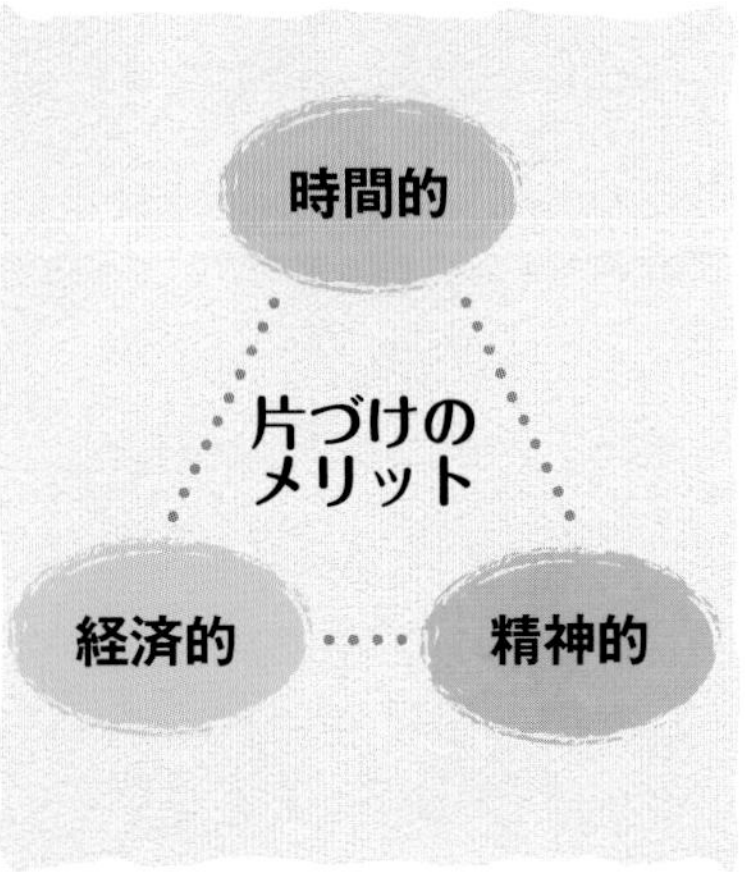

時間的メリットとは、とにかく探しものをしなくてよくなるということ。ものを探すのはよくあることだけど、考えてみると、これって結構時間をムダにしている。

経済的メリットとは、必要なものが見つからなくて、結局同じものをもう一度買っちゃったりすることがなくなるということ。どこかにあるはずなのに買うのはもったいないよね。

そして、精神的メリットとは、探しものが見つからなくてイライラすることがなくなったり、きれいな部屋や机にいることで気分が落ち着いたりすること。また、時間に余裕ができることで、勉強や休憩などの時間が増えると、気持ちにもゆとりができるんだ。

こんなにたくさんのメリットがあるんなら、片づけない手はない！ いますぐやろう！ とは思うものの、ものがありすぎてどうしたらいいかわからないし、捨てるのはもったいない。

片づけられない原因は、ものが多すぎる場合が一番多いという。

「収納するスペースがあって管理できる状態にしていれば持っていてもいいのですが、収納スペースは限られています。置くところがなくてあふれてしまっている場合、スッキリさせるためには手放していくしかありません。

また、よく『まだ使えるからもったいない』と言いますが『もったいない』にはものを活かしきれていないという意味があるんです。机の奥の方に使わないでしまっておくのは、そのものを活かしていないんですね。ものは使ってあげることで活かされます。だからあまり使わないものは、だれかにあげたりしてもいいでしょう。」（大熊さん）

ものを活かすことが必要なんだね。それがわかったところで、さぁ、自分の部屋を整理していこう。

整理収納アドバイザー1級
ルームスタイリスト・プロ
大熊 千賀さん

\ きれいな部屋への5つのポイント /

POINT 1 どんな部屋にしたいか絵に描いてみる

POINT 2 自分の部屋をそれぞれのゾーンに分ける

POINT 3 「使っているもの」「使っていないもの」に分類していく

POINT 4 よく使うものは手前に 使用頻度によってものの住所で決める

POINT 5 片づける日を決めて、しっかり守る

「使っているもの」「使っていないもの」に分類していく

片づけを始める前に、自分がどんな部屋にしたいかを考えてみよう。部屋の絵を描いてみて、机や家具の配置を考えてみてもいいし、机の1番目の引き出しに入れるものなどを書いてみる。自分がどんな部屋にしたいか、どんな環境なら勉強しやすいかを想像してみよう。

このときのポイントは、自分の部屋をそれぞれのゾーンに分けること。机のあるところは勉強ゾーン、趣味ゾーン、洋服ゾーンという風に分けてみる。机の上にマンガが置いてあると、誘惑に負けてしまいそうになることがあるよね。そういうことをなくすんだ。ゾーン別に分けることで勉強に集中できるようになるし、片づけが簡単になる。

さて、ここまでできたら本格的に片づけを始めよう。まず、机の一番上の引き出しのなかのものを全部出してみよう。こんなにたくさんものがあったんだって驚くかもしれない。

ここから分類していくよ。大切なのは、いま「使っている」か「使っていない」かを1秒で判断すること。時間をかけると全部使いたいものになっちゃうから素早くやること。すぐに判断して左右に分けていこう。

それができたら、いま「使っているもの」だけを引き出しに戻そう。これで一気にスッキリしたはずだ。「使っていないもの」は誰かにあげるか、大事なものだったら、一番下の引き出しに入れるなど、頻繁に使わないところにしまっておこう。

「このときの片づけのポイントは『よく使うもの』は手前に、『たまに使うもの』はその次に、と使用頻度でものの場所を決めていきます。机のまわりや引き出し、部屋のなかにあるすべてのものも、こうやって『使っているもの』『使っていないもの』に分けていきます。」（大熊さん）

こうすることで自分が集中して勉強できるスッキリした空間ができあがってくるはずだ。

片づけの土台は整理と収納

きれいな部屋はなるべく維持したい。もちろん、毎日片づけられるのがベストだけれど、それは結構大変だ。

「ものの住所が決まれば片づける習慣ができます。それでもものがたまった場合は、『3日に1回は必ずやる』、『日曜日は片づけの日にする』と、自分で決めて実行していく。もし、最初に決めてできなかったら、変更してもいいんです。でも変更したらそれを必ず守るようにしましょう。そうすることできれいなお部屋を保つことができますよ。」（大熊さん）

整理整頓とは、次ページの図のようになっている。

ピラミッドの一番下はものの整理だ。ここで自分にとって必要なものだけを選び取る。

その次に収納。これは使う場所に使いやすいようにものを置くこと。ここ

＼学習机の整理・収納術／

POINT！
机の上をきれいに保つコツ、それはゴミ箱を置くこと。机の上に小さなゴミ箱を用意すると、消しゴムのカスなどちょっとしたゴミをすぐに捨てられるから散らかりにくいよ。

POINT！
よく使うペンなどの文房具は、引き出しじゃなくて机の上のペン立てに入れておくのもいいよ。また、リビングなど、自分の部屋以外の場所でも勉強をするという人は、家用の筆箱を用意して持ち運ぶのもアイデアの1つだね。自分が一番やりやすい方法を探してみよう。

POINT！
机は勉強ゾーン。マンガやゲーム類など、勉強以外のものは置かないこと。手の届く範囲に楽しいものがあると、ついつい誘惑されて勉強の妨げになりやすいんだ。

POINT！
プリントが多い場合は、書類立て用のファイルボックスを用意して、そこに入れていく方法もおすすめ。ファイルボックスは教科別にしてもいいし、塾のものと学校のもので分けるのもいいね。

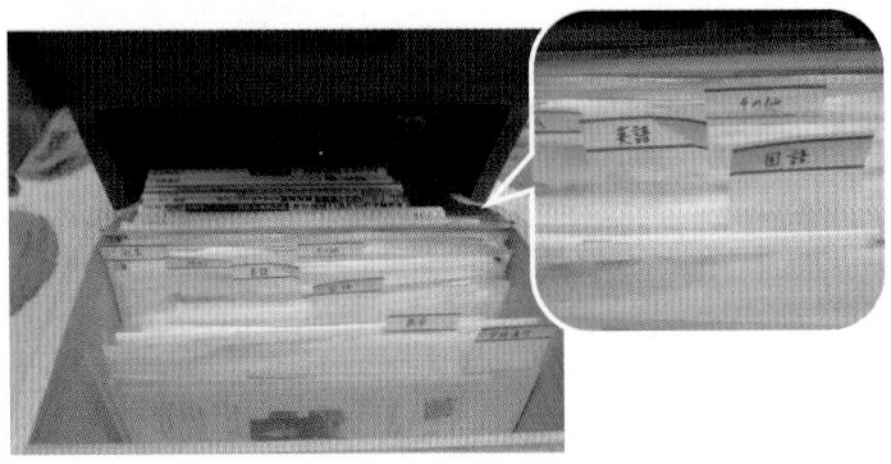

POINT！
下の大きな引き出しには、プリントや使用頻度の低い教科書などを収納するのにぴったり。ごちゃごちゃしやすいプリントは、こんな風に教科別にファイルを作って分けておくと探しやすいよ。

POINT！
開け閉めがしやすい上の引き出しには、一番よく使う文房具を入れよう！　使用頻度の高いものは取り出しやすい場所に置くのが使いやすい収納のコツ（真ん中の引き出しではなく左右の引き出しに入れる）。よく使うペン類は手前に、横になるように収納するとすぐに取れるよ。収納ケースを使って分けると、こんなにスッキリ！

整理整頓ピラミッド

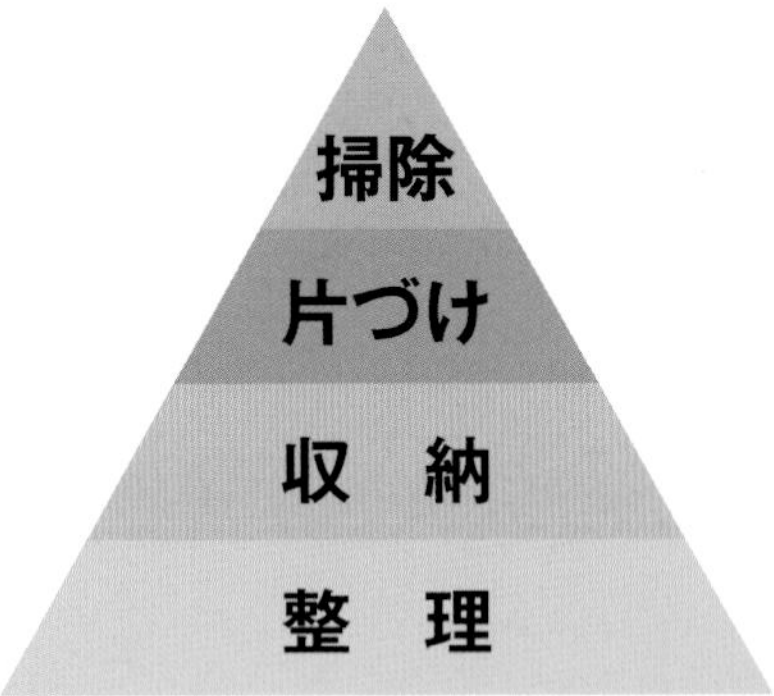

でもの定位置・住所を決める。

その土台の上にやっと片づけがくる。片づけというのは出して使ったものをもとの位置に戻すということ。

そして、一番上に掃除。掃除は片づけが終わったあとに、ゴミや汚れをとってきれいにするということだ。

「じつは掃除はとても簡単なことなんです。ですが、みなさんは整理・収納の前に片づけばかりやろうとしてしまいます。ものの住所を決められずに、どこに置こうかな、ということを一生懸命考えている。だから整理・収納の土台がしっかりしないと、一見きれいに片づいたように見えてもすぐ乱れてしまうのです。

ですから、自分にとって必要なものだけ、使うものだけ持つようにして、きちんと使う場所に定位置におさめる、住所を決める、ということが大事なことですね。これさえ決めておけば、使ったあとはもとに戻すだけなので片づけは早いんです。」（大熊さん）

これでもうみんな片づけに対する苦手意識はなくなったはず。きれいな部屋になること間違いなし。大熊さんは、部屋がきれいになる以上に、片づけができるようになるともっといいことがあると言う。

「片づけをすることで、選択力と決断力と判断力がついてきます。例えば、ペンAとペンBで、どっちをよく使っているかという選択をします。選択をすると、使っていないからだれかにあげる、捨てるという判断をします。片づけはこの連続です。こうして選択して、決断を繰り返すことによって判断力が身についていくのです。

家に帰ってきて、きれいな部屋で、明日へのパワーを充電してください。居心地のいい部屋にして、時間のムダをなくし、意味のある時間を過ごしてほしいと思います。ゲーム感覚でもいいので、ぜひやってみてください。気持ちがいいということを味わえると思えます。」

散らかった部屋を一気に片づけてしまおう！　きれいな部屋で気分よく勉強すれば、成績もよくなるかも！

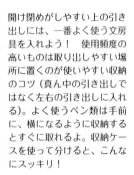

精神科医からの処方箋

子どものこころSOS

大人の知らない「子どものこころ」。そのなかを知ることで、子どもたちをめぐる困難な課題を克服する処方箋を示唆。気鋭の精神科医・春日武彦が「子どものこころ」を解きほぐし、とくに受験期に保護者がとるべき態度や言動をアドバイスします。

A5版　224ページ
定価　2,100円（税込）
ISBN4-901524-80-1

精神科医
春日 武彦　著

「率直に言って、受験を迎えるお子さんがいるご家庭においては、親子ともに『こころの健康マネージメント』が必要だと感じています。しかし、これを実際におこなっていくのは、なかなかむずかしい。本書は、現実生活のなかでどう対応したらよいのかを、学説や教育論ではなく、こころに届く絶妙な筆致で綴った得難い一冊です」
（教育評論家・森上展安）

子どものこころ？

受験期にはどう接すればいい？

子どもとうまくつきあいたい

★ご注文方法
本書は一般書店にてお買い求めになることができます。万が一、書店店頭に見当たらない場合には、書店にてご注文のうえ、お取りよせいただくか、弊社営業部までご注文ください。ホームページからもご注文いただけます。

株式会社 グローバル教育出版
〒101-0047 東京都千代田区内神田２－４－２　グローバルビル３階
TEL：03-3253-5944（代）　FAX：03-3253-5945

SCHOOL EXPRESS

実業の精神を育てる早稲田実業伝統の人間教育

WASEDA JITSUGYO

早稲田実業学校 高等部

東京都
私立
共学校

創立110周年を超える早稲田実業学校高等部。早稲田大の系列校という特長を活かし、勉学や部活動に励むなかで、他者への無限の思いやりや、早稲田大、ひいては社会での中核を担う人間力を養います。

自己や他者と愚直に向きあい、自分の生き方を見つけるための教育を行います。

渡邉《わたなべ》 重範《しげのり》 校長先生

110年を超す早稲田の実業教育

早稲田実業学校（以下、早稲田実業）は、1901年（明治34年）、社会で活躍する職業人を育成するための実業教育を実践する早稲田実業中学として、大限重信によって創立されました。

1917年（大正6年）に一度早稲田大学の元から独立しますが、その後の1963年（昭和38年）からは再び早稲田大の系列校としての歴史を刻み続けています。

2001年（平成13年）には創立100周年を迎え、長年の歴史を刻んできた早稲田の鶴巻町キャンパスから国分寺へと移転しました。約5万5000㎡という広大な敷地のキャンパスは、緑に富み、最新の施設と設備が整っています。その翌年には初等部も開校し、初等部・中等部・高等部で男女共学制を実施し、今日にいたります。

初等部から大学まで一貫した教育が実現し、男女がともに勉学に励み、1人ひとりが学校行事に部活動にと、学生生活を謳歌しています。

早稲田実業の教育方針は、「豊かな個性と高い学力をもち、苦難に打ち勝つたくましい精神力を兼ね備えた人物」を育成することです。その目的のため、創立当時から「去華就実」と「三敬主義」の2つの言葉を常に掲げてきました。その言葉について渡邉重範校長先生は、「『去華就実』とは、華やかなものを去り、実に就くという意味です。この言葉は『実業』の精神を育てると同時に、社会に貢献できる人格の育成をめざしています。ここで言う『実業』とは、ビジネスを意味する言葉ではなく、生業《なりわい》として自分がなにをすべきかということを見つけ、限りなく努力していくということです。また『三敬主義』は、他を敬い、自分も敬い、事物をも敬うことを意味します。

これらの言葉は、額のなかに入れて壁に飾ってあるだけの言葉であってはいけません。時代に合わせ、その都度言葉の意味することを生徒たちには伝えています」と話されました。

早稲田大の中核となりうる調和の取れた人間教育

早稲田実業では、ほとんどの生徒が推薦で早稲田大に入学します。そのためカリキュラムは、早稲田大の系列校であるメリットを活かし、卒業後に早稲田大の中核となりうる、調和の取れた人間教育を行うことを目標として編成されています。

1年次は芸術以外のすべての科目が共通履修です。クラス編成は、中入生と高入生で分けることはせず、混合してともに学びます。2年では生徒の興味や志望進路に基づいて文系・理系のクラスに分かれ、3年次はさらに生徒の能力や適性、それぞれの進路に応じた選択授業を実施しています。

生徒の学力を支えるための取り組みもあります。毎回定期考査後には、教員が自主的に全教科で復習を行います。また、前期が終了したあとの長期休暇中には1週間の補習期間があり、基礎力を養成する講習が開かれています。

全教科にわたり、習熟度別授業は行っていません。これは、能力で区別せずに、お互いが助けあいながら成長し、バランス感覚のある人間に成長してほしいという理由からです。どのような生徒に対しても、同じように教育することが早稲田実業の特徴の1つとも言えます。

文理選択と進路指導について

文理選択においては、2014年

部活動・委員会

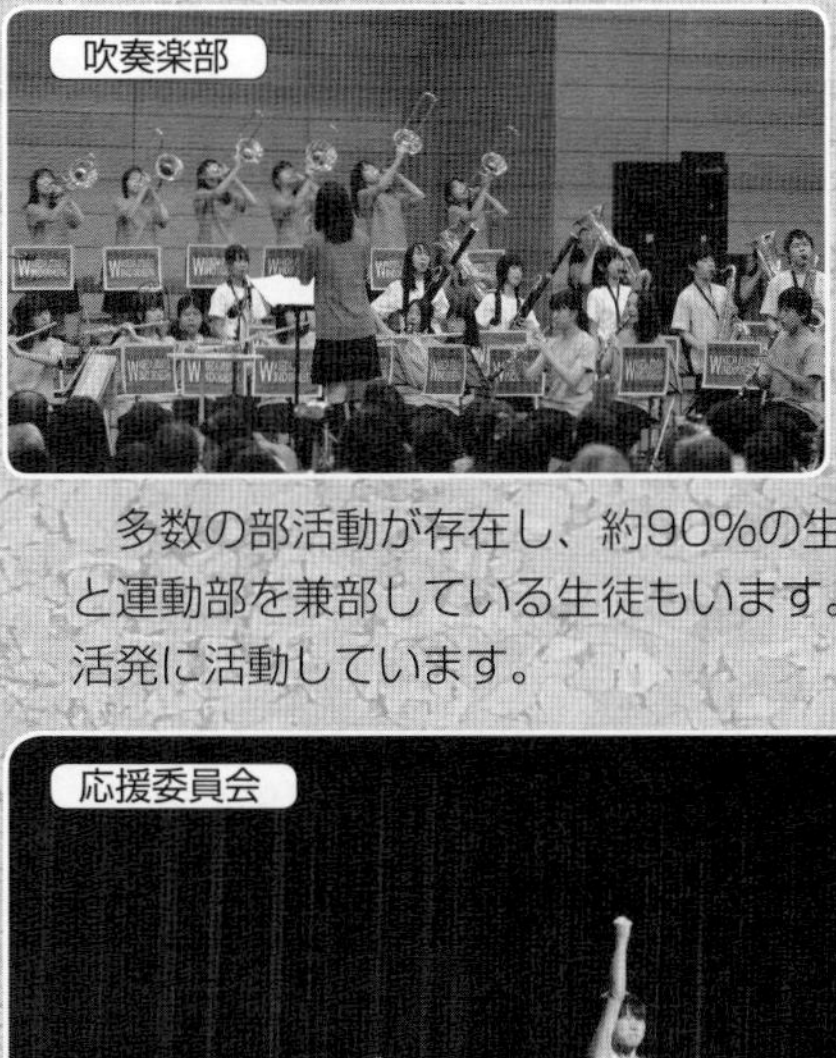
吹奏楽部

少林寺拳法部

多数の部活動が存在し、約90%の生徒が参加しています。なかには、文化部と運動部を兼部している生徒もいます。多くの部活が全国大会に出場しており、活発に活動しています。

応援委員会

体育祭

体育祭は中等部と高等部で別々に学校のグラウンドで行われます。学年ごとのクラス対抗で競いあいますが、生徒たちは学年を超えたクラスのつながりも大切にしています。女子も騎馬戦や棒倒しなどの激しい競技に参加するなど、大いに盛り上がります。

いなほ祭（文化祭）

毎年10月には２日間にわたり、中等部と合同でいなほ祭が行われます。クラスや部活動でさまざまな出しものが行われます。装飾にも凝っており、受験生から保護者の方まで、多くの来場者を楽しませています。

度より理系からでも文系の学部に進む選択の幅を広げました。

「理系に属しながらも文系に進む可能性のある生徒の選択肢が増えます。生徒のなかには、理系の視点から政治経済を学びたいという生徒もいるので、選択の幅を広げることで、そのような生徒でも文系の学部の推薦が受けやすくなります。

また、現代は、文系でも数学など理系の科目が重要視される傾向があります。早稲田大では政治経済学部・法学部・商学部などでも数学が入試科目に含まれています。」（渡邉校長先生）

文理選択と平行し、1年次から進路指導が行われています。

早稲田大の学部説明会が積極的に開かれ、生徒は各学部について詳しく知ることができます。また、著名人の卒業生による講演会も開かれています。

現在、早稲田大の各学部からの推薦枠は480名を超え、早稲田実業からはほぼ全員が早稲田大に推薦で入学できます。希望する学部の推薦が受けられるかどうかは、3年間の成績に加え、3年次に2回実施される学力テストの成績と、校長先生より実施される作文と面接での総合点で決定します。

異文化に触れ 他者への理解を深める

早稲田実業では異文化に触れる機会を大切にしており、通常、2年次の12月には3泊4日の校外学習を行います。校外学習の目的は、日々生活している空間とは違う地域の文化・産業・人々の暮らしについて、理解を深めることです。2012年度は8月に岩手県へ出向き、現地の方々への取材を含めたフィールドワークを行いました。

岩手県では、東日本大震災をふまえたうえで、日本がおかれている地政学的な問題や復興の度合いなどを調べ、どのようなことが問題なのかを考えました。

国際教育では、「寺岡静治海外交流補助資金」という留学制度を設けており、1人で留学することを条件に、援助を受け、世界中のどこの国にでも行くことが可能です。この制度により、希望制で年間20名近くの生徒が海外への短期留学で異文化に触れる機会を持っています。

自分や他者と向きあい 愚直に生きるということ

渡邉校長先生に、早稲田実業をめざす読者の方へのメッセージをいただきました。

「まずは自分自身を発見してください。自分を恃《たの》みにして、自分を信じることを〝自恃自信《じじじしん》〟と言います。自立するということは他者に頼らないという意味ではありません。他者に頼るときは頼っていいのです。それに対しての距離感をきちんと測れることが大切です。そして、自分自身を発見するためには、2つの座標軸を持つことが必要です。1つの座標軸はやはり勉強です。対抗軸となるようなもう1つの軸はクラブ活動でもいいし、ボランティア活動であってもいいです。そしてその2つの座標軸の緊張のなかで生き、その緊張をバネにして、自分がなにをやりたいのか、自分の生き方を学んでほしいと思います。」（渡邉校長先生）

自分と向きあうと同時に、社会や他者とも愚直に向きあうことが大切であり、この「愚直に生きる」ということこそ生徒に伝えたいと、渡邉校長先生は話しました。

最後に、どのような生徒に入学してほしいか渡邉校長先生に伺ったところ、「経済学者ヨーゼフ・アーロイス・シュンペーターの言葉を借りるとするならば、現状に対して創造的な破壊を行い、進取の精神に富んだ生徒にぜひ入学してほしいと願っています。早稲田実業の伝統を継承し、新たなる地平を拓き、未来の早稲田大、また将来の日本を担うみなさんを待っています」と力強く語られました。

School Data

所在地　東京都国分寺市本町1-2-1

アクセス　JR中央線・西武国分寺線・西武多摩湖線「国分寺」徒歩7分

生徒数　男子757名、女子407名

TEL　042-300-2121

URL　http://www.wasedajg.ed.jp/

2学期制　週6日制

月・火・木・金 6時限、水・土 4時限　50分授業

1学年9または10クラス　1クラス約45名

平成24年度（2012年度）早稲田大学推薦入学者内訳

大学名	合格者	大学名	合格者
政治経済学部	45	文学部	15
法学部	33	文化構想学部	30
基幹理工学部	34	社会科学部	50
創造理工学部	24	人間科学部	1
先進理工学部	30	スポーツ科学部	5
商学部	50	国際教養学部	14
教育学部	67	合計	398

女子校　東京都　文京区

淑徳《しゅくとく》 SC《えすしー》 高等部

「よりよく生きる」ための地力を育む

School Data

所在地	東京都文京区小石川 3-14-3
生徒数	女子のみ 159 名
TEL	03-3811-0237
アクセス	地下鉄丸ノ内線・南北線「後楽園」、都営三田線・大江戸線「春日」徒歩 8 分
URL	http：//ssc.ed.jp/

創立120年を超える伝統ある女子校

淑徳SC高等部は、2012年（平成24年）に創立120周年を迎えた伝統ある女子校です。

創設は1892年（明治25年）、浄土宗の尼僧であった校祖・輪島聞声《わじまもんじょう》先生による「進みゆく世に後れずに、社会の変容に対応する淑徳を備えた女性の育成」という建学の精神をもとに、優美なしとやかさと、時代のなかに進み行く強さを備えた女性を育成し続けています。

2008年（平成20年）には、校名を現在の淑徳SC中等部・高等部としました。「SC」とは、「Successful-Career」の略で、変化の激しい現代社会のなかで「よりよく生きる」ための力をキャリアととらえ、自分の人生を自ら切り拓いていく力を持つ女性を目標としていることを表しています。

生徒の可能性を伸ばす手厚いサポート体制

淑徳SCは、机上の勉強だけではなく、教養や情操を育むことも重視し、さまざまなカリキュラムが用意されています。基礎・基本を繰り返し学ぶことで、学習能力を育み（よく学ぶ）、身につけた「学力」「知識」「教養」を応用した思考力、判断力、表現力を養い（よく考える）、自らの将来を考え、目標を明確にし、計画的に確実に行動する習慣を身につける（よりよく生きる）を教育目標に、徹底した少人数教育によって、生徒は大きく成長することができるのです。

学習面のサポート体制としては、生徒の進学を応援するカリキュラムが整っています。難関大進学希望の生徒を対象とした7・8時限目講習、大学生のチューターと大学院生のコーチャーが学習活動をサポートするチューター・コーチャーシステム、英語・数学の授業で実施されている習熟度別少人数制授業、学校独自の授業シラバスによる学習進度の確認などが特徴です。

ほかに次のような「よりよく生きる」ためのプログラムを通して自分をみがくことができます。茶道・華道では伝統文化や礼儀作法を、年間5回ほどの仏教行事からは、人としての心の在り方を学びます。

そのほかにも、研究レポートの作成に取り組む課題研究や、年1回の芸術鑑賞など、体験型授業により豊かな人間性が育まれます。

教育理念「Successful-Career」のもと、幅広い知識と豊かな人間性を備えた女性の育成をめざす淑徳SC高等部は、次代を見据え、生徒の多様な可能性を伸ばします。

共学校　東京都　八王子市

帝《てい》京《きょう》大《だい》学《がく》高等学校

夢に向かう生徒を強力にサポートする

個々に合ったコース編成で最大限に能力を伸ばす

緑豊かな多摩丘陵の一角に位置する帝京大学高等学校（以下、帝京大学高）。落ち着いた環境のもと、小規模校ならではのオープンで緊密な人間関係を大切にしています。教師と生徒がじっくり向きあった学校生活を送るなかで、個々の目標に寄り添う指導が展開され、生徒の可能性を引き出し、伸ばす学習指導を展開しています。

1年次は併設中学校からの一貫生と高入生の学習進度が違うため、別クラスに分け、さらにⅠ類・Ⅱ類のクラスに編成されます。このクラス編成により、個人の理解に合わせ、生徒の能力を最大限に引き出すことができます。

主要教科の授業では、受験を意識し、学力の下地を作っていくと同時に、学ぶことへの好奇心を育んでいきます。

2～3年次は一貫生と高入生を混合し、生徒の目標とニーズに合わせた2つの進路別コース編成で学習を進めます。「東大・難関国立コース」は5教科必修型のカリキュラムで、高い目標を持って東大や難関国立大をめざすコースです。「早慶・国公立コース」は自由に科目を選択できるカリキュラムで、難関私立大から国公立大まで幅広いニーズに応えます。

この2つのコースは、さらに細分化した少人数授業も取り入れ、生徒の着実な成長をサポートしています。

徹底的に学力を支える充実の夏期講習

進路指導は、週に1度のロングホームルームや、教員との個人面談を通して、生徒が自ら進路目標を見つけ、目標実現に向けて努力できる積極的な学習態度を育むことを狙いとしています。

目標の実現をめざす生徒の学力を支えているのは、帝京大学高の名物とも言える夏期講習です。1～2年次は7月下旬から8月にかけて約2週間、3年次は夏期休業期間中ずっと開講されています。2012年度の講座数は全学年合計で140講座、のべ992時間にもおよびました。

こうした夏期講習は生徒の学習状況と希望によって計画され、自由に教科を選択することが可能です。3年次では夏期講習にも少人数制を採用し、余裕を持って受講できる体制を整えています。

年間を通して教員による補習も実施されるなど、強力なサポート体制こそ帝京大学高の特徴です。

このような、生徒と教員の緊密な関係が、夢の実現に向けて取り組む生徒たちを1人ひとりしっかりと支えています。

School Data

所在地	東京都八王子市越野 322
生徒数	男子 302 名　女子 225 名
TEL	042-676-9511
アクセス	JR 中央線「豊田」、京王相模原線「多摩センター」よりスクールバス
URL	http://www.teikyo-u.ed.jp/

共学校

東京都立 日《ひ》比《び》谷《や》 高等学校

武内《たけうち》 彰《あきら》 校長先生

変わることのない教育理念 時代に合わせて進む教育改革

都立高校のトップランナー・東京都立日比谷高等学校。創立から135年が経っても変わらぬ全人教育、教養主義の姿勢と、積極的に進める教育改革が、難関大学合格者の増加につながっています。

戦前から受け継がれる全人教育の理念

東京都立日比谷高等学校（以下、日比谷高）は、1878年（明治11年）に東京府第一中学として開校されたのが始まりです。その後、1901年（明治34年）に東京府立第一中学校（府立一中）と改称されました。そして、1950年（昭和25年）に校名が現在の東京都立日比谷高等学校となり、男女共学の新制高校になりました。

戦前から日本を代表する進学校の1つだった日比谷高。2001年（平成13年）9月に進学指導重点校に指定されて以降、さまざまな学校改革を行いながら、都立高校改革の先頭を走ってきました。2013年（平成25年）には創立135周年を迎えています。

日比谷高は、「知の日比谷」をスローガンに掲げています。受け継がれてきた文武両道の理念や自主・自律の校風を継承・発展させながら、生徒1人ひとりの

体育大会

学年を縦割りにした4団で競いあいます。校舎の工事に伴い、来年度は東京体育館で行われる予定です。

持つ個性や能力の十分な伸長を図り、グローバル社会のなかで21世紀をたくましく切り拓くリーダーを育てることがめざされています。

武内彰校長先生は「先日、府立一中時代の卒業生の方が来校され、『ぜひこれからも勉強だけの学校にしないでほしい』とおっしゃっていました。勉強とともに、部活動や学校行事も頑張る生徒を、長い歴史のなかで育て続けてきた学校なのだということがおわかりいただけると思います」と話されました。

屈指の進学校でありながら、勉強だけをするのではなく、しっかりとした全人教育が行われてきたことが伺われるエピソードです。

授業の質を高める90分授業 全科目必修の教養主義

そんな日比谷高では、質の高い授業を実践することで、自ら学ぶことができる生徒を育て、学問の本質を探究できる姿勢を培っています。

「その一環として、本校では2時限目と3時限目をつなげて2時間続きの90分で行う授業があります。休み時間の10分を加えると100分になります。こうすることで、1つの授業でより深く学ぶことができます。

また、各教室には部屋の1面ではなく3面に黒板があります。これは、生徒に考えさせる授業、考えたことを表現させる授業、ほかの考えに触れ、さらに思考を深める授業を展開するためにも使われます。」（武内校長先生）

カリキュラムは、全科目必修の教養主義がとられています。1〜2年生は共通必修で、理科は物理、化学、生物、地学、すべてで基礎を学びます。地歴・公民も同様です。そして、3年次に選択科目によって、文類型と理類型に分かれます。文・理の割合はほぼ半分ずつです。

必修授業以外にも第2外国語などの自由選択科目が設けられており、希望する生徒が8、9時限目に履修することができます。

また、生徒1人ひとりにきめ細かな対応ができるように、習熟度別授業が2年生の数学と英語、3年生の英語で行われています。成績を考慮しながら、生徒が自分でどのクラスで学ぶか考え、選びます。

平常の授業が第一とされていますが、各種の補習・講習も充実しています。平常時に行われる補習については「教員が自主的に開いている講座があります。例えば3年生には朝の始業前に化学のセンター試験対策講座があったり、昼休みに物理のセンター試験対策小テストという講座が開かれるといった形です」と武内校長先生。

制度として実施されている講習には、

土曜日の土曜講習があります。毎月第1、第3、第5週の土曜日で、希望する生徒が受講しています。また、夏休みには夏期講習が実施されています。1時限90分で、5日間（月～金曜日）が1講座になっています。これが各学年を対象に100講座程度設けられています。実施期間は、Ⅰ期～Ⅵ期（6週間）まで4コマずつあります。生徒はあらかじめ発表された講座一覧から希望する講座を選んで受講しています。

日比谷高は2007年度（平成19年度）から5年間、SSH（スーパーサイエンスハイスクール）の指定を受け、引き続き2期目に入っています。自然科学の本質に迫る活動が全生徒に向けて行われており、生物臨海実習などの野外実習や特別講演会などが展開されています。

「本校の卒業生に、ハワイ島マウナケア山頂に大望遠鏡『すばる』を建設した東大名誉教授の小平桂一先生がおります。その小平先生のご協力のもと、ハワイ島研修を行い、選抜された生徒が参加しています。また、物理、化学、数学などのオリンピックに参加する生徒も毎年います。ノーベル生理学・医学賞受賞の利根川進博士も本校の卒業生です。国際舞台の第一線で活躍する科学者の育成を目標に、さらなる充実を図ってさまざまな取り組みを行っていきます。」（武内校長先生）

生徒の希望を重んじ それを後押しする体制

進路・進学指導の面では、毎年4月と10月に「進学指導検討会」が行われ、それが定点観測として進学指導体制に位置づけられています。

定期テスト、校内実力テスト、外部全国模試（年3回）の結果が定期的、また通年で比較され、全国のデータとも照合することで、進学指導の充実化が図られています。

「本校の進路・進学指導は、進路指導部が中心になって行っています。3年間を見通した進路指導計画を作成し、各学年に対応したプログラムを用意、実施しています。

進路指導は、志望を貫こうということを基本姿勢にしていますし、そういう生徒が多いです。そのためにその根拠となるデータを定点観測でしっかり集め、過去の先輩と比べてこうだよ、君のいまの成績はここに来ているから大丈夫だよ、といった指導をしています。」（武内校長先生）

キャリア教育も機会を捉えてさまざまなものが実施されていますが、そのなかでも特徴的なものとして、新3年生への準備として行われる伝統の「星陵セミナー」（約20講座同時展開）があります。これは2年生の3月に行われ、各界の第

合唱祭

日比谷公会堂で行われます。クラス対抗で全学年が参加し、課題曲と自由曲を歌います。

星陵祭

伝統的に全クラスが演劇を披露します。3年生ともなると、どの演目も人気で教室に入れないほどです。来場者の投票で上位のクラスが表彰されます。

SSH

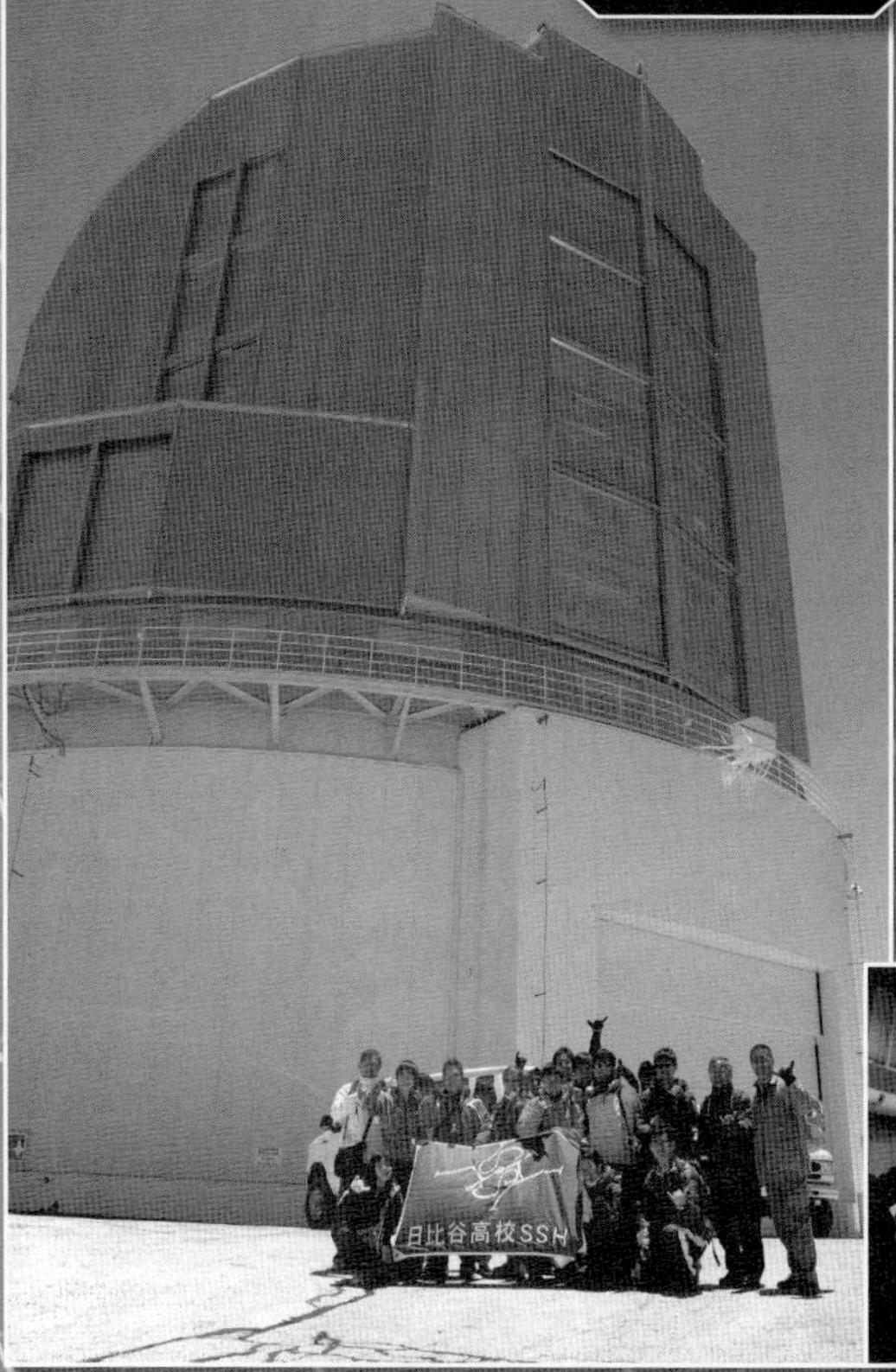

臨海教室

希望者が参加する古式泳法による遠泳が特徴です。120年以上の伝統があります。

一人者として活躍する卒業生が講師になっています。専門の講義を受けることで、職業との関連などを考えることができ、また進路探求に有効なゼミ形式の講座なので、生徒にとってとても有意義な時間になっています。

進学指導重点校として積極的に学校改革を進めてきた結果、近年は東大をはじめ難関大学への合格実績がぐんぐんと伸びています。武内校長先生は「一番の目的は単に有名大学への合格者数を増やすことではありません。そこを誤解してほしくないのです。生徒が志望する大学へ行けるように手助けをするということです。2012年度は現役の大学進学率が54%、再チャレンジ組が46%でした。本校の生徒は志望する大学に入れるまで頑張るという傾向があります。それを後押ししながら、まずは現役で60%ぐらいは志望大学に進学できるようにしたいと思っています」と話されました。

現在、日比谷高の校舎は改修工事に入っており、仮校舎を使用していますが、2014年（平成26年）7月からは新しい施設・設備がみなさんを待っています。日比谷高新時代に向けて武内校長先生は「大学受験を目的にして3年間を過ごすのではなく、その先を見据え、社会に出て自分の力を発揮することで生きがい、やりがいを感じて自己実現、社会貢献を果たす。そういう人を育てるために文武両道を貫き、全人教育をしていくという本校のあり方に共感していただけるみなさんを待っています」とおっしゃられました。そう語られる表情には、名門・日比谷高のさらなる飛躍を期すという思いが込められていました。

School Data

所在地	東京都千代田区永田町2-16-1
アクセス	地下鉄丸ノ内線・千代田線「国会議事堂前」、地下鉄銀座線・南北線「溜池山王」徒歩7分、地下鉄有楽町線・南北線・半蔵門線「永田町」、地下鉄銀座線・丸ノ内線「赤坂見附」徒歩8分
TEL	03-3581-0808
生徒数	男子507名、女子453名
URL	http://www.hibiya-h.metro.tokyo.jp/

✣2学期制 ✣週5日制 ✣7時限 ✣45分授業
✣1学年8クラス ✣1クラス40名

2012年度(平成24年度)大学合格実績(　)内は既卒

大学名	合格者	大学名	合格者
国公立大学		私立大学	
北海道大	3(2)	早大	203(103)
東北大	2(0)	慶應大	134(62)
筑波大	7(3)	上智大	65(21)
千葉大	15(6)	東京理科大	67(29)
お茶の水女子大	11(5)	青山学院大	12(4)
首都大東京	5(3)	中大	55(24)
東京大	30(12)	法政大	17(11)
東京医科歯科大	2(1)	明大	85(42)
東京外語大	8(0)	立教大	36(21)
東京学芸大	5(0)	学習院大	6(3)
東京工大	6(3)	国際基督教大	7(3)
東京農工大	9(4)	津田塾大	28(8)
一橋大	11(9)	日本女子大	12(2)
横浜国立大	14(4)	東京女子大	7(2)
京都大	5(3)	東京医科大	1(1)
その他国公立大	21 (12)	その他私立大	104 (51)
国公立大合計	154(67)	私立大合計	839 (387)

和田式教育的指導

受験勉強のゴールは自分の志望する大学に入ることですが、いまの時代は大学に入学してからその先のことまで考えなければなりません。これからのグローバル化社会で生きていくみなさんへ、高校に合格してからなにをすべきかをアドバイスしましょう。

高校への合格が決まってから始めることがある

高校への合格は大学までの中間過程

この号が発売されるころには、公立高校の推薦入試や私立高校など、すでに志望校に合格した方がいることでしょう。これから試験があるという人にとっては合格したあとの話になりますが、ぜひ心にとめておいてもらいたいことがあります。

それは私がいつも話しているように、高校への合格は大学までの中間過程にすぎないということです。受験勉強のゴールは自分の志望する大学に合格することです。高校に受かったことに浮かれていたのでは話になりません。

例えば、国公立大の医学部に行きたければ、センター試験の5教科6科目で92～93％の点数を取る必要があります。これは、高校受験よりも数段厳しい関門です。現役での合格を考えるならば、3年かけてやらないと受からないと考えた方がよいでしょう。

高校での勉強は、中学とは大きく違います。各教科単元ごとに細分化され、よりレベルが高く、内容が深くなっていきます。予習や復習の重要さが増し、これまで以上に授業（予備校や塾も含む）に集中する姿勢が求められます。

Hideki Wada

和田秀樹

1960年大阪府生まれ。東京大学医学部卒、東京大学医学部附属病院精神神経科助手、アメリカのカールメニンガー精神医学校国際フェローを経て、現在は川崎幸病院精神科顧問、国際医療福祉大学大学院教授、緑鐵受験指導ゼミナール代表を務める。心理学を児童教育、受験教育に活用し、独自の理論と実践で知られる。著書には『和田式　勉強のやる気をつくる本』（学研教育出版）『中学生の正しい勉強法』（瀬谷出版）『難関校に合格する人の共通点』（共著、東京書籍）など多数。初監督作品の映画「受験のシンデレラ」がモナコ国際映画祭グランプリ受賞。

高校に入ってからの先取り学習を始めよう

中学から高校への進学については、英語や数学など関連した勉強も多く、高校受験が終わった直後でも高校の問題集に挑戦することができます。ですから、先取り学習として自分で勉強しておいた方がより有利になります。

中高一貫校の高入生になった人は、先取り学習をしている中入生との進度差があることが多いので、この休みを使って英語や数学を先に進めておくとよいでしょう。

また、予備校や塾では、春期講習が用意されているので、そこで学習することもおすすめします。

将来をイメージして勉強のモチベーションを

それでもやはり合格はうれしいですし、なかなか勉強する気になれないという気持ちもわかります。

そのときに必要なのは、「○○になりたい」、「○○大学で研究したい」などというビジョンを描いておくことです。漠然とでもいいので、志望大学を決めておくこと。一番いけないのは、高校合格と同時に目標を喪失してしまうことです。

矛盾するようですが、現在は有名大学を出たからといって、一流企業に入れるわけではありません。それは、日本のおかれている状況が極めて難しい時代にあるからです。環境、エネルギー、経済、金融など、いまは世界的にも混迷期であり、大きな変動期と言ってもよいでしょう。

大学のブランドよりも、大学でなにを学んできたのか、どんな専門性を身につけてきたかということが問われる時代になっています。

そういう厳しい時代に必要となってくるのは、土台となる基礎学力です。それもリベラル・アーツと言われる、すべての教科を満遍なく勉強する教養主義です。

東大などの有名大学に合格するということは、しっかりとした学力を持っていることの証明にもなります。東大出身の人たちがどんな時代においても強いのは、この基礎学力がついているからです。

経済学の世界では数学が必要になっていますし、医学でも文系の素養が求められています。いまや文系・理系が交じり合って新しい世界を築かなければならない時代なのです。まずは、高校時代に基礎学力をつけることが一番大事なことだと思います。

高校合格に安心して、遊んでいてはダメだということです。

【七拾四の巻】

中2生のための入試問題入門

国語

教育評論家 正尾佐の

高校受験指南書

この連載は、首都圏の高校入試の日程に合わせて、3月号から2月号までの12カ月を一区切りにしている。つまり、この3～5月号は、いよいよ最高学年になろうとしている中学2年生のために、「高校の入学試験の問題はこういうもんだよ」というのを示す。まあ、言ってみれば『高校入試入門』だね。

まずは自己紹介をしておこう。ワガハイは正尾佐という。「まさお・たすく」と読む。「佐」という文字は、「たすける」という意味だ。「たすける」は古い日本語では「たすく」といった。じつは、これは筆名だ。本名ではない。受験生を助けるためにこの原稿を6年以上前から書き続けてきた。その気持ちを示すための筆名だ。ワガハイ1人で、英語も数学も国語も書いてきたが、いかにもなんでもできそうで照れくさい。それで、本名は名乗らない。

だが、こういう名前にしているのだから、読んでいる君たちも、もし希望があったら編集部へメールでもなんでも送ってくれ。「英語の長文が苦手だから、読むコツを教えてくれ」とか、なんでも構わない。

さて、今号は早稲田実業学校と日比谷高校を特集しているね。今回はそれに合わせよう。早実は次号以降で取り上げることになるはずなので、日比谷の国語の昨年度入試問題を扱うことにする。

日比谷といえば、かつては東大合格者第1位の学校だった。その伝統のせいか、国語の問題もやや難しめだ。２５０字以内の作文も出題される。というわけで、今号は入門とはいうものの、『日比谷は手強い篇』とする。

日比谷高は昨年、こんな問題を出した。

（略）

まず、次の*永福門院《えいふくもんいん》（一二七一～一三四二）のうたを観賞することにしよう。

A　月かげはもりの梢《こずえ》にかたぶきてうす雪しろしありあけの庭

（『玉葉集』九九七番）

彼方に黒い影を見せる森の上に月はかかり、いま沈もうとしている。近くを見ると、庭には雪がほの白く広がっている、という情景である。ここで注目すべきは、遠景と近景の取り合わせである。この取り合わせを柱として、このうたは構成されている。言い換えれば、中景はない。同じ歌人のうたを、更に二首挙げる。

B　さ夜ふかき*軒ばの嶺《みね》に月はいりてくらき*ひばらに嵐《あらし》をぞ聞く

（同、二一二三番）

C　をちこちの山は桜の花ざかり野べは霞《かすみ》にうぐひすの声

（同、一四八番）

前のうたは、同趣の構図だが、近景に視覚的なイメージではなく、聴覚的知覚を置いている。歌人は部屋のなかにいて、*御簾《みす》をあげた窓から彼方を見やっている。この視野において遠くの嶺はちょうど「軒ば」の位置に見えている。彼女からは外の近景は目に入らず、「嵐」の声によって近くの森を知覚している。

後の方のうたにおいて、「をちこち」は「遠近」の読みであるから、この字義に従えば近くの山を含んでいるはずである。しかし、構図的には、山は遠景を構成する。その山々には花ざかりの桜が群れている。その手前の野には霞がかかっているのだが、どこからともなくうぐいすの鳴き声が聞えてくる、そんな風景である。これも、遠景と近景を取り合わせたもので、中景には「霞」が置かれているが、それは言わば空白である。

このように中景を欠く空間構成は、なつかしい絵画的表現の典型的な情景ではなかろうか。

（略）

*永福門院《えいふくもんいん》――鎌倉時代の歌人。

*軒ば――軒のはし。

＊ひばら――檜《ひのき》の繁《しげ》ったところ。
＊御簾――貴人のいる部屋のすだれ。

〔問〕本文中のA・B・Cの三首の和歌について述べたものとして最も適切なものを、次のうちから選べ。

ア、A・B・Cの和歌には共通して近景に聴覚的なイメージが、遠景に視覚的なイメージが配置されている。BとCの和歌では中景として「嵐」や「霞」が描写されている。

イ、A・Bの和歌は同じような構図であり、遠景に「月」が置かれ、近景に「梢」や「軒ば」が配置されている。Cの和歌には遠景の「山」のみが描かれて近景は描かれていない。

ウ、A・B・Cの和歌のすべてに視覚的な遠景のイメージが置かれている。近景の視覚的なイメージとしては、Aの和歌の「ありあけの庭」やCの和歌の「霞」などがある。

エ、Aの和歌では近景に視覚的なイメージが置かれ、Bの和歌では近景に聴覚的な知覚が配されている。A・Bの和歌の遠景には「月」が置かれ、Cでは「桜」が置かれている。

問をざっと見ると、A・B・Cの和歌の違いが問われているとわかるね。その違いは、遠景・中景・近景だ。となれば、3つの歌の遠景・中景・近景を整理すればいいだけに過ぎない。さあ、やってみよう。

Aの歌について解説を読むと、

彼方に黒い影を見せる森の上に月はかかり、いま沈もうとしている。近くを見ると、庭には雪がほの白く広がっている、という情景である。ここで注目すべきは、遠景と近景の取り合わせを柱として、このうたは構成されている。言い換えれば、中景はない。

と述べられている。それを整理するとこうだね。

A

遠景	黒い影を見せる森の上に月はかかり、いま沈もうとしている
中景	ない
近景	庭には雪がほの白く広がっている

Bはどうだろう。

前のうたは、同趣の構図だが、近景に視覚的なイメージではなく、聴覚的知覚を置いている。歌人は部屋のなかにいて、御簾をあげた窓から彼方を見やっている。この視野において遠くの嶺はちょうど「軒ば」の位置に見えている。彼女からは外の近景は目に入らず、「嵐」の声によって近くの森を知覚している。

「前のうた」というのは、Bの歌のことだね。解説を整理しよう。

B

遠景	嶺はちょうど「軒ば」の位置に見えている
中景	ない
近景	聴覚的知覚を置いている「嵐」の声によって近くの森を知覚している

Cの歌は、

後の方のうたにおいて、「をちこち」は「遠近」の読みであるから、この字義に従えば近くの山を含んでいるはずである。しかし、構図的には、山は遠景を構成する。その山々には花ざかりの桜が群れている。その手前の野には霞がかかっているのだが、どこからともなくうぐいすの鳴き声が聞えてくる、そんな風景である。これも、遠景と近景を取り合わせたもので、中景には「霞」が置かれているが、それは言わば空白である。

「後の方のうた」というのは、Cの歌だ。これも整理しよう。

C

遠景	山々には花ざかりの桜が群れている
中景	野には霞がかかっている空白である
近景	うぐいすの鳴き声が聞えてくる

この3つを「景」別に整理すると、こうなる。

遠景

A	B	C
黒い影を見せる森の上に月はかかり、いま沈もうとしている	嶺はちょうど「軒ば」の位置に見えている	山々には花ざかりの桜が群れている

中景

A	B	C
ない	ない	野には霞がかかっている空白である

近景

A	B	C
庭には雪がほの白く広がっている	聴覚的知覚を置いている「嵐」の声によって近くの森を知覚している	うぐいすの鳴き声が聞えてくる

A・B・C3つの歌の解説を整理できたところで、もう一度、問を見

ていこう。まず、アだ。

ア、A・B・Cの和歌には共通して近景に聴覚的なイメージが、遠景に視覚的なイメージが配置されている。BとCの和歌では中景として「嵐」や「霞」が描写されている。

「A・B・Cの和歌には共通して近景に聴覚的なイメージが…配置されている。」これは○。

「BとCの和歌では中景として『嵐』や『霞』が描写されている。」これが×。Bには中景はない。「嵐」は「近くの森（＝くらきひばら）」を吹き渡る激しい風の音であり、近景である。というわけで、アは誤答だ。

選択枝イはどうだろう。

イ、A・Bの和歌は同じような構図であり、遠景に「月」が置かれ、近景に「梢」や「軒ば」が配置されている。Cの和歌には遠景の「山」のみが描かれて近景は描かれていない。

「A・Bの和歌は同じような構図であり、」これは○とも×とも言えない。言わば△だ。問題文には、「前のうたは、同趣の構図だ」とある。これは「前のうた（＝Bの歌）は、（Aの歌と）同趣の構図だ」という意味だね。イの「同じような構図」を「同じような（趣《おもむ》きの）構図」と解釈すれば○だ。しかし、「同じような（風景の）構図」とすると×だ。

「遠景に『月』が置かれ、」も△だ。Bは「嶺に月はいりて（＝嶺に月は入って）」しまっているので、目には見えないから×とも言えるが、山に没してゆく月を想像しているのだから、「置かれ」というのを想像とすれば○と言える。

「近景に『梢』や『軒ば』が配置されている。」は×。Aの「梢」は彼方《かなた》（あちら）の森の梢だ。

「Cの和歌には遠景の『山』のみが描かれて近景は描かれていない」これも×。問題文の筆者は「遠景と近景を取り合わせた」と言っている。というわけで、イも誤答。

選択枝ウはどうだろう。

ウ、A・B・Cの和歌のすべてに視覚的な遠景のイメージが置かれている。近景の視覚的なイメージとしては、Aの和歌の「ありあけの庭」やCの和歌の「霞」などがある。

「A・B・Cの和歌のすべてに視覚的な遠景のイメージが置かれている。」これは○。

「近景の視覚的なイメージとしては、Aの和歌の「ありあけの庭」…がある。」これは○。

「近景の視覚的なイメージとしては、…Cの和歌の「霞」などがある」これが×。Cの「霞」を問題文の筆者は中景としている。ウも誤答。

ここまでくると、正答はエしかないはずが、念のため確認しておこう。

エ、Aの和歌では近景に視覚的なイメージが置かれ、Bの和歌では近景に聴覚的な知覚が配されている。A・Bの和歌の遠景には「月」が置かれ、Cでは「桜」が置かれている。

「Aの和歌では近景に視覚的なイメージが置かれ、」これは○。雪の庭が近景だね。

「Bの和歌では聴覚的な知覚が配されている。」これも○。「嵐」がそれにあたる。

「A・Bの和歌の遠景には「月」が置かれ、」これは△だ。Aの月ははっきり見えているが、Bは選択枝イでもふれたように想像の月だ。「置かれ」という言葉が曖昧《あいまい》なので、△としか言えない。

「遠景には…Cでは「桜」が置かれている。」これは○に決まっている。

おやおや、選択枝エも、△の個所があってあやしい。いったいどれが正答だろうか。

では、ア・イ・ウ・エを整理しよう。

ア＝○×

イ＝△△××

ウ＝○○×

エ＝○○△○

このように並べて見るとすぐに正答はエだと決められるだろう。なにしろ×の個所がないのだから。「でも、問には『最も適切なものを…選べ』ってあるじゃないですか」と不服を申し立てたい人もいるだろうなあ。「最も適切」というのは、「どこにも誤りがない」「完全無欠」という意味ではないのだよ。あくまでも「アイウエの4つのなかで最も適切なもの」なのだ。「次のうちから」とはそういう意味なんだね。

正解　エ

だから、高校入試では（いや、センター試験のような大学入試でも）、選択枝の一部に気になる言い回しがあって、それを深く考え込んでしまうと時間が足りなくなる。それで、選択枝の文を区分けしてチェックし、○△×をつけていくやり方が有効なのだ（ここに日本の入試の大きな欠陥があると言えるんだよ）。

これで、入試の国語問題を解くのに興味がわいたとしたら、君の入試国語力は間違いなく伸びるぞ。1年後が楽しみだね！

宇津城センセの受験よもやま話

ある男子の手記④

宇津城 靖人先生

早稲田アカデミー　特化ブロック ブロック長
兼 ExiV西日暮里校校長

「よし、これで大丈夫だ。」

ワタルがそう言って、太鼓判を押してくれた。

いまは夜の10時過ぎくらい。ワタルの家にお邪魔して、ぼくは工具を借りてサーフボードをくっつける作業をしていた。ワタルの部屋にはものすごく専門的な工具が揃っている。また、さまざまな部品や飾りものなどがきれいに分類されてストックされている。接着剤も何種類もあるし、ヤスリも形が違うものが20種類以上ある。これらを用途によって使い分けて作業をするらしいが、ぼくにはどれがどう違うのかもさっぱりわからなかった。ワタル、恐るべしだ。

「初めてにしては、なかなか上手にできたじゃないか。」

ワタルは使い終わった工具を丁寧に片づけながら、そう言った。工具の扱い方から、ワタルの腕のほどがわかる。てきぱきと、しかしながら丁寧に、工具たちを使う前とまったく同じ状態へと戻していった。

「うん。全然割れたことがわからないようにできたね。ワタルのおかげだよ。」

いったん折れたキーホルダーを接着剤でくっつけなおし、少しだけ欠けてしまっていたところはパテという粘土みたいなもので埋めた。よく乾くとそこが石みたいに硬くなるらしい。くっつけた跡が残ってしまうヒビの部分には、そうとわからないように上から飾りをつけた。サーフボードにふさわしく、ハイビスカスみたいな花が連なったレイという首飾りを模したものが、ぐるりとサーフボードに巻きついている。

「イリマにして、正解だったな。」

ワタルは仕上がったキーホルダーを眺めながら、自分の作品（作業をしたのはぼく、ワタルは手直しを手伝ってくれた）の出来栄えに満足そうにそう言った。イリマというのは、ハワイのレイの種類だそうだ。ぼくには全然わからないが、ハワイの代表的な首飾りであるレイには、いくつも種類があって呼び名が違うらしい。

「うん。まるで売りものみたいだね。ワタルのおかげでこんなにきれいに直せたよ。ありがとう。」

「いやいや、隼人が頑張って直したんだよ。オレは手直しを手伝っただけだ。でも、まだ接着剤が乾いてないから、そんなに触っちゃだめだぞ。」

「うん。気をつけるよ。」

「2日くらい置いた方が安全だ。完全に乾いてから返すようにしろよ。」

そう言いながら、ワタルはキーホルダーを空箱にそっとしまった。乾く前に衝撃を受けることがないように、箱のなかにはしっかりと緩衝材が敷かれていた。

「できればこの箱のまま返した方がいいな。よし、この箱もデコってやろう。」

ワタルは思いついたら即座に動きだした。箱の周りに明るい赤色の包装紙を巻

くと、きれいにカッターでカットする。そしてピンク色のリボンを箱に斜めに巻きつけて下で交差させ、逆の角にも斜めに巻きつけた。最後にリボンの一部にハイビスカスを模した造花のような飾りをつけると、まるでデパートのサービスカウンターで受け取るようなきれいなプレゼントの箱ができあがった。

「すぐにでも一流デパートに就職できるね。ワタル。」

　ぼくはあまりの手際のよさに、驚いてそう言った。

「デパート？　オレは別に就職する気はないんだけど…。『クリエイター』志望なんだが。」

「ご、ごめん。あんまり上手だったから、つい…。デパートのサービスカウンターの人みたいだなって思って。」

「上手？　なにが？　あ、包装のこと？　ああ、まあ人並み以上にはできるね。さんざ練習したからな。」

　シュルシュルと使い終わったリボンを巻きなおしながら、ワタルはそう言った。

「ワタルでも練習したりとかするんだね、意外だよ。道具もこんなに丁寧に片づけるのにびっくりした。」

「バカ、当たり前だろ？　練習しなくちゃきれいに作業ができるようになれるわけがないだろう。どれだけの包装紙をムダにしたと思ってんだ。」

「やっぱり、そういうもんだよね。」

「ああ。オレも最初からできたわけじゃない。練習しているうちにできるようになったんだ。道具に関しても自然と大切にする習慣がついてきた。腕があがればあがるほど、道具を大切にしなければならない理由もわかってきた。」

　そう言って、ワタルは使ったカッターやはさみなどの道具を片づけ始めた。

「はいよ、完成だ。」

　ワタルはぼくに箱を手渡して言った。

「これだけ協力してやったんだから、ちゃんと結果の報告をしろよな。」

「結果の報告ってなんのこと？」

　ワタルはニヤニヤしながらぼくを見て言った。

「だから、お前がこれを返したときのことだよ。どんな感じで返したとか、なにを言われたとか、そのあとどうなったとか、な。」

「け、結果もなにも、なんにも始まらないよ！」

「お前はなにもわかってないな、隼人。こういう大チャンスをみすみす逃してどうするんだよ。お前、その子のこと気に入ってるんじゃないのか？」

「え、いや、わ、わかんないよ。」

「わからないものかよ。なんでお前はこのキーホルダーを直してあげようと思ったんだ？　相手がかわいい女子だったからだろう？　同じことがイカツイ男子に起こったら、お前は直してあげようって申し出たか？」

「そう言われると…。イカツイ男子だったら、なんにもしなかったかも。」

「ほうら、な。答えは明白なんだよ。」

　ワタルはそれまでの姿勢をビシッと正してぼくの方を見た。

「隼人、お前はその子が絡まれているのを見て、助けようと思った。絡んでた相手はおっさんだ。お前みたいな小柄な中学生が喧嘩して勝てる相手じゃない。だけどお前はそこで無謀にもその子を守ろうとした。なおかつ、その子が大事にしていたものが壊れてしまったので、それを直してあげた。確かにお前の純粋な善意からの行動かもしれん。ただ、お前のなかに間違いなく『あの子を守りたい』って気持ちがあったからできたことだとオレは思う。少なくとも好意がなければ、人はだれかに親切にはできないものだよ。『なんでもありません』じゃあ相手に失礼だ。ちゃんと自分の気持ちを認めることだよ。潔く、な。お前を見てると、オレが恥ずかしいわ。」

　ワタルはそこまで言うとクルリとイスを回して自分の机の方を向いた。そして机の片隅に置いてあったカップを手に取ると、ズズーっと音を立ててお茶を飲んだ。

「まだ、自分でもよくわからないんだ。」

　ぼくはそう言うのが精一杯だった。

　ワタルの言うこともよくわかる。確かにあの子のことをまったく意識していなかったら、バスのなかで助けたり、キーホルダーを直してあげたりはしなかったかもしれない。『丘サーファー』と心のなかで勝手にあだ名で呼んでいたままだっただろう。あのバスの酔っ払い事件をきっかけに、ぼくのなかでなにかが変容し始めたことは間違いない。ワタルの言うとおり、返したときの彼女の反応やそのあとの展開を楽しみにしながら、ぼくはキーホルダーを直していた。どんな顔して喜ぶだろうとか、出来栄えにびっくりするんじゃないだろうかとか想像しながら直していた。これって、ワタルの言うとおりに恋愛感情なのだろうか。だけどバスに乗り合わせていただけの子に、たった1回しか話したことがないのに恋をするなんておかしくないだろうか。

「うん、やっぱり、まだわからないんだ。」

　ぼくの独り言にワタルは一瞬こちらを向いたが、「ヤレヤレ」という表情を浮かべるとすぐに自分の机の方に向き直った。

「とにかく、報告だけはちゃんとしろよ。じゃあ、また明日な。」

「うん。ありがとう。」

　そう言ってぼくはワタルの家をあとにした。

　自転車のかごのなかには、ワタルにきれいにラッピングしてもらった箱がある。ぼくは自転車に乗りながら、ガタゴトと揺れるたびに箱は大丈夫かと目を配りながら家路についた。

　夜なのに月明かりであたりは明るく照らされ、月光を受けたハイビスカスの赤が、やけに眩しかった。

国語 東大入試突破への現国の習慣

嫌われてでも「あえてする」発言にこそ、オトナの覚悟はあらわれるものなのです。

田中《たなか》 利周《としかね》先生
早稲田アカデミー教務企画顧問

東京大学文学部卒。東京大学大学院人文科学研究科修士課程修了。文教委員会委員。現国や日本史などの受験参考書の著作も多数。早稲田アカデミー「東大100名合格プロジェクト」メンバー。

慇・懃・無・礼?!
今月のオトナの四字熟語
「則天去私《そくてんきょし》」

前回の連載では夏目漱石の『私の個人主義』という講演録を取り上げました。「私はこの世に生まれた以上何かしなければならん、といって何をしていいか少しも見当がつかない。私はちょうど霧の中に閉じ込められた孤独の人間のように立ちすくんでしまったのです。」

自らの経験をふまえて漱石は学生たちに率直に語りかけます。「私とは何であるか?」という青春の悩みを抱える若い心に響くように。講演の中で漱石の出した結論は、自分の「個性」を発揮できる仕事に就けば、そうした動揺は鎮まるというものでした。

けれども、その「個性」とは何なのか。これまた悩みは尽きず、堂々巡りが始まってしまいます…。自分の「個性」はどうしたら見つけることができるのか?

これに対する一つの答えとなる態度こそ、今回取り上げた四字熟語であり、漱石が晩年になってたどり着いた境地と言われる「則天去私」なのです。

「天《てん》に則《のっと》り、私《わたくし》を去《さ》る」と訓読します。小さな私にとらわれず、身を天地自然にゆだねて生きて行くこと。「則天」は天地自然の法則や普遍的な妥当性に従うこと。「去私」は私心を捨て去ること。なんだか宗教的な悟りのようですね。「個人主義」を唱えていた漱石が、「私を捨て去る」という理想の境地に達しました! ということで、それでは「個性」なんていらない? ということになるのでしょうか。

このことに対する理解を深めるために、1冊の新書を紹介したいと思います。平野啓一郎さんの著書で『私とは何か』です。今年の高校入試問題でも必ず出題されるであろう、注目の書ですよ。

日本語の「個人」とは、英語のindividualの翻訳で、明治になって使われるようになった言葉です。「個人主義」もindividualismの訳です。individualは、in+dividualという構成で、divide（分ける）という動詞に由来するdividualに、否定の接頭辞inがついた単語です。ですから直訳すると「これ以上分けられない」という意味になるのです。平野さんは言います。この「分けられない自分」＝「本当の自分」という考えこそ、間違いの元であると!

「すべての間違いの元は、唯一無二の

『本当の自分』という神話である。そこで、こう考えてみよう。たった一つの『本当の自分』など存在しない。裏返して言うならば、対人関係ごとに見せる複数の顔が、すべて『本当の自分』である。『個人（individual）』という言葉の語源は、『分けられない』という意味だと冒頭で書いた。本書では、以上のような問題を考えるために、『分人（dividual）』という新しい単位を導入する。否定の接頭辞inを取ってしまい、人間を『分けられる』存在と見なすのである。分人とは、対人関係ごとの様々な自分のことである。恋人との分人、両親との分人、職場での分人、趣味の仲間との分人、……それらは、必ずしも同じではない。分人は、相手との反復的なコミュニケーションを通じて、自分の中に形成されてゆく、パターンとしての人格である。必ずしも直接会う人だけでなく、ネットでのみ交流する人も含まれるし、小説や音楽といった芸術、自然の風景など、人間以外の対象や環境も分人化を促す要因となり得る。一人の人間は、複数の分人のネットワークであり、そこには『本当の自分』という中心はない。個人を整数の1とするならば、分人は、分数だとひとまずはイメージしてもらいたい。私という人間は、対人関係ごとのいくつかの分人によって構成されている。そして、その人らしさ（個性）というものは、その複数の分人の構成比率によって決定される。分人の構成比率が変われば、当然、個性も変わる。個性とは、決して唯一不変のものではない。そして、他者の存在なしには、決して生じないものである。」

長く引用しましたが、この平野さんの主張によって漱石の意見をとらえ返してみると、こんな風に理解できます。「則天去私」の考えによって否定された「私」とは、「本当の自分」という不自然な思い込みのことです。自然に考えれば、自分にはいくつかの顔があることが分かるはず。ですから、そうした対人関係によって形成された自分の中の「分人」を、どれも大切にすることです。個性を発揮するというのは、この「分人」のブレンド具合によって、様々に実現できるはずなのです！

どうです。漱石の言う「個性の発揮」と「則天去私」も、考え方によっては決して矛盾するものではないということがお分かりでしょう。「個人」から「分人」へ、という副題のついた平野さんの『私とは何か』。一読をお勧めします！

グレーゾーンに照準！
今月のオトナの言い回し
「ことほどさように」

「A、ことほどさように、B」という言い回しになります。一種の「構文」ですね。実は英語の構文「so…that」の訳語であるとも言われています。Aで述べたことを受けて、Bで述べる事柄の程度を強調する、という役割を果すのですね。

辞書で意味を確認すると、「没落したら私のところへ誰も足を運ばなくなった。ことほどさように人間は冷淡なものだ。」なんていう例文とともに、「それほど」や「それくらい」という言い換えの言葉が載っていたりします。

確かに「それくらい、人間は冷淡だ」という言い方でも通じますよね。けれども「オトナの言い回し」として「ことほどさように」は、「それほど」や「それくらい」には感じられない、ある種の異彩を放っているのです！　中学生の皆さんが使うのは危険だとも言えるくらいです。ある国語学者などは「私の最も嫌いな言葉の一つだ」と断言しています。「真実味が感じられない」「安易なひとりよがりの表現」と、散々に言い募っています（笑）。一体どこがそんなに気にいらないというのでしょうか？

答えは簡単です。「真実味がない」や「ひとりよがり」という批判の言葉が示すとおり、言葉そのものの意味ではなく、「ことほどさように」という言い回しを使うような人間が嫌いだ！　というみもふたもない結論ですよ。この国語学者は、誰か嫌いな人間がよく使うフレーズとして「ことほどさように」を取り上げたのでしょう。

さて、ある社会学者が次のように「ことほどさように」を使っています。皆さんはどう感じるでしょうか。日本人が「幸せとは何か」という問題について、まともに考えてこなかったという批判を展開しているくだりです。〈便利さや快適さ〉は数値化できるものであるが、〈幸せ〉はそもそも数値化できない、というのが社会学者の意見なのです。

「日本で幸福度調査というと、毎年行われる国民生活選好度調査、つまり満足度調査を意味します。市場や行政が自分たちのニーズを満たしているか、を調査します。便利で快適か、の調査です。歴代の内閣はこれと大差ないものを『幸福度調査』と呼んで繰り返してきました。ことほどさように、〈幸せ〉を〈便利や快適〉から区別できない国民も珍しいですね。」

ね、イヤミでしょ（笑）。でも、これくらい踏み込んだ発言をしなくては伝わらないこともあるのです。相手を怒らせるくらいのね。これぞオトナの言い回しなのですよ！　国語学者には嫌われてもね。

車に追い抜かれた地点までの距離の関係から、

$20a+5a(y-10)=a(y-x)$　……①

また、B駅発の列車とすれ違ったときに、自転車と列車が進んだ距離の関係から、

$a(y+\frac{5}{3}-x)+5a(y+\frac{5}{3}-10)=40a$……②

$a\neq0$より、①、②の両辺をaで割って整理すると、

$x+4y=30$　……①'　$x-6y=-80$　……②'

これより、$x=-14$、$y=11$

$x=-14$は8時より14分前を表すので、市川君がA駅を出発した時刻は**7時46分**

(2) についてはあえて連立方程式を用いた解き方を載せましたが、(1) の結果を利用して解くこともできます。ヒントとなる図を載せておきますので、考えてみてください。

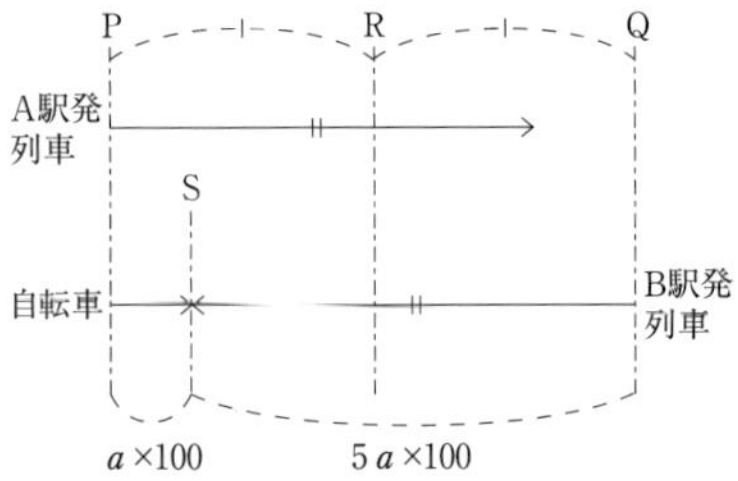

P：自転車がA駅発列車に抜かれた地点
Q：自転車がA駅発列車に抜かれたときにB駅発列車がいた地点
R：A駅発列車とB駅発列車がすれ違う地点(8時12分)
S：自転車とB駅発列車がすれ違う地点

時計に関する問題は、長針と短針の回転する速さに注目します。

問題2

午前6時前に時計を見て自宅を出ました。午後9時過ぎに帰宅して時計を見ると、長針と短針の位置がちょうど入れ替わっていました。次の問いに答えよ。　（城北）

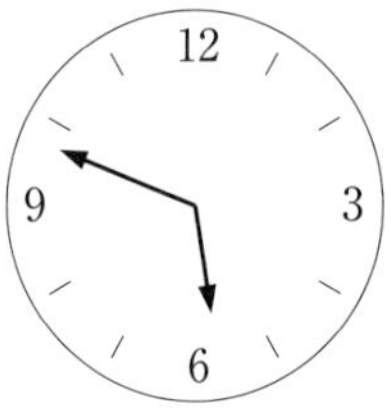

(1)　家を出たのを午前5時x分とすると、帰宅した時刻は午後9時[ア]分である。[ア]をxで表せ。

(2)　(1) の[ア]を用いると、xについての方程式は[ア]$\times\frac{1}{12}=$[ア]である。[イ]をxで表せ。

(3)　xを求めよ。

<考え方>

長針と短針は1分間にそれぞれ6°、$\frac{1}{2}$°動きます。

<解き方>

(1)　x分間に短針は$\frac{1}{2}x$°回転するので、5時x分のときの短針の位置は、12時の位置から時計回り$(150+\frac{1}{2}x)$°回転した位置にある。帰宅した時刻には、この位置に長針があるので、その時刻は

$(150+\frac{1}{2}x)\div6=25+\frac{1}{12}x$(分)　……ア

(2)　同じ時間に対する長針と短針の回転角の比は12：1だから[ア]$\times\frac{1}{12}$の値は、帰宅した時刻において、右の図のように、短針が9時の位置から回転した大きさを分の単位で表したものである。これが5時x分の長針の位置と同じであることから、

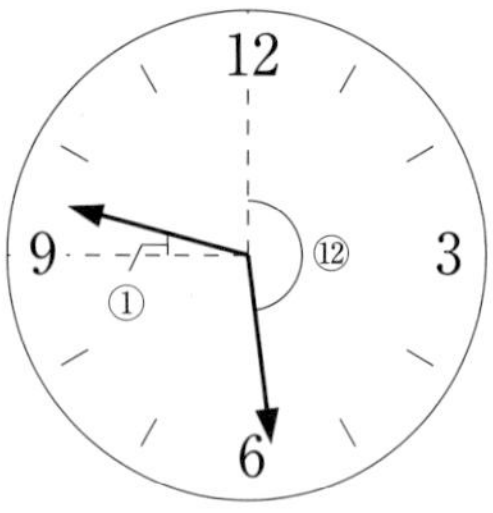

$(25+\frac{1}{12}x)\times1／12+45=x$

すなわち、$(25+\frac{1}{12}x)\times\frac{1}{12}=x-45$　……イ

(3)　(2) の方程式を解いて、**$x=\frac{6780}{143}(47\frac{59}{143})$**

<参考>

帰宅した時刻を9時y分として、連立方程式を立てて解く方法もあります。12時の位置から時計回りに回転した角度に注目して式を作ります。

5時x分の長針の位置と9時y分の短針の位置が同じであることから、

$6x=\frac{1}{2}y+270$　……ウ

5時x分の短針の位置と9時y分の長針の位置が同じであることから、

$\frac{1}{2}x+150=6y$　……エ

(1)、(2) の条件がなければ、ウ、エの連立方程式を解くことで$x=\frac{6780}{143}(y=\frac{4140}{143})$が得られます。

さらに、エ式をyについて解けば (1) と同じ答えが導かれますが、ウ式をyについて解くと$y=12x-540$となり、これも (1) の答えとして成立します。この場合、(2) の答えは、エ式の左辺を72で割った$\frac{1}{144}x+\frac{25}{12}$が答えになり、結局は (2) と同じ方程式になります。

速さの問題では条件が多く複雑な場合が多いので、図を活用して条件を丁寧に整理することが大切です。慣れてくればいままで解き方の方針が見えなかったものが、はっきりと見えるようになってくると思います。また、そのように実感できるようになるまで、頑張って練習を積んでいきましょう。

数学 楽しみmath 数学！DX

速さの問題は図を書いて整理しよう

登木 隆司先生
早稲田アカデミー　城北ブロック ブロック長
兼 池袋校校長

今月は、方程式の応用として速さに関する問題を学習していきましょう。

はじめに、出会いやすれ違いの条件から速さ・時間・距離の関係を考える問題です。

問題1

A駅とB駅を結ぶ鉄道があり、そのちょうど中間地点にC駅がある。A駅を出発した列車はC駅に1分間停車し、A駅を出発してから9分後にB駅に到着する。B駅を出発した列車はC駅に停車せずに、B駅を出発してから8分後にA駅に到着する。ただし、どの列車も速さは一定であり、列車の長さは考えないものとする。このとき、次の問いに答えなさい。　（市川）

(1)　A駅を8時5分に出発した列車と、B駅を8時10分に出発した列車がすれちがう時刻を求めなさい。

(2)　市川君は自転車でA駅からB駅まで線路に沿った道路を40分で走ることができる。市川君はある時刻にA駅をB駅に向かって出発し、A駅を8時5分に出発した列車にC駅とB駅の間で追い抜かれた。さらにその100秒後にB駅を8時10分に出発した列車とすれちがった。市川君がA駅を出発した時刻を求めなさい。ただし、市川君は一定の速さで走るものとする。

<考え方>

条件を図に整理して見通しをよくしましょう。

<解き方>

(1)　両方の列車とも、AB間を走っている時間は8分間なので速さは等しい。A駅を8時5分に出発した列車は中間地点のC駅に4分で到着するから、C駅を出発する時刻は8時10分。よって、両方の列車が同時に出発するので、CBの中間地点で出会うことになるから、その時刻は**8時12分**である。

(2)　自転車の分速を a とすると、AB間の距離と列車の速さは、それぞれ $40a$、$5a$ と表される。

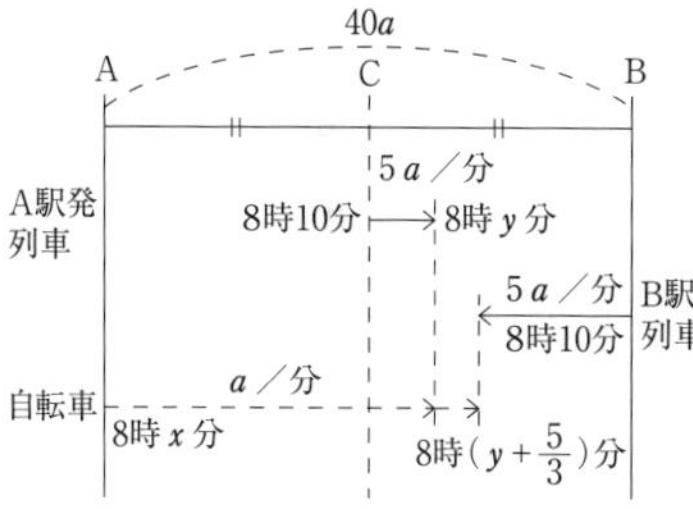

図のように、市川君がA駅を出発した時刻を8時 x 分、A駅を8時5分に出発した列車にC駅とB駅の間で追い抜かれた時刻を8時 y 分とすると、A駅からA駅発の列

Kosei GAKUEN GIRLS' SENIOR HIGH SCHOOL

難関大学合格実績

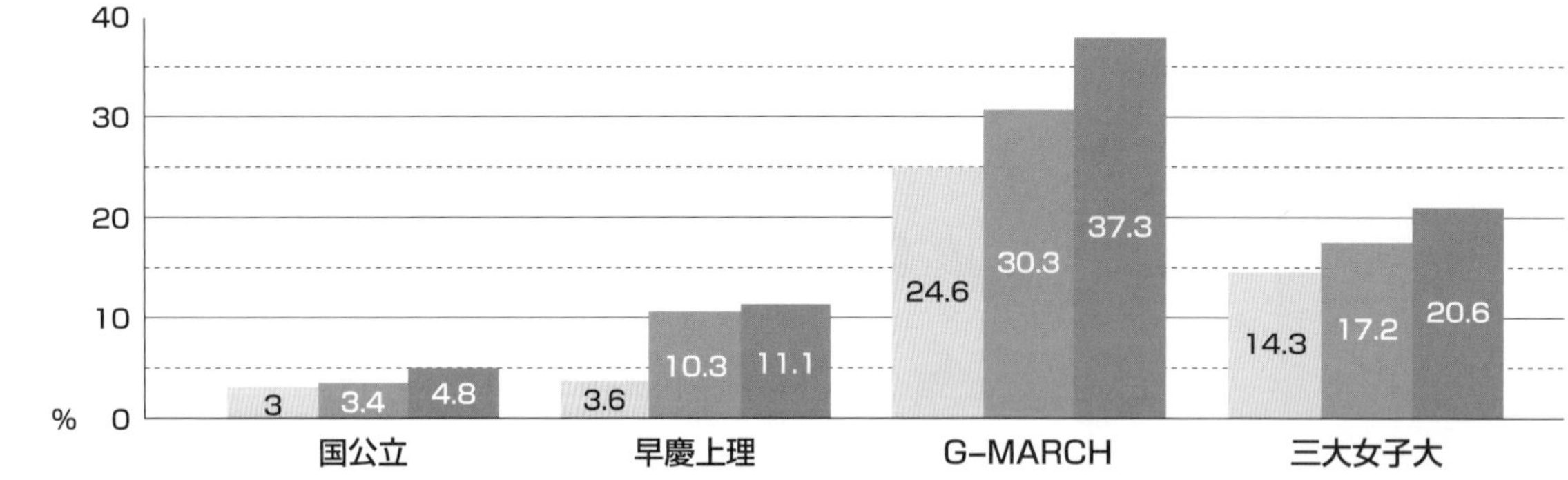

- 特色あるカリキュラムの３コース制
- 常勤ネイティブ５名の豊かな英語学習環境
- 英検１級３名・準１級５名取得（2011 年度）
- 「生きた英語」を学び団体戦で進路実現へ
- 留学コース生のスピーチを本校ホームページで動画配信中

入学試験要項についてはHPにて確認下さい。

佼成学園女子高等学校

〒157-0064　東京都世田谷区給田2-1-1　Tel.03-3300-2351（代表）www.girls.kosei.ac.jp
●京王線「千歳烏山」駅下車徒歩６分　●小田急線「千歳船橋」駅から京王バス利用約15分、「南水無」下車すぐ教えてマナビー先生！

世界の先端技術

ステアバイワイヤ

ハンドルの動きを電気信号でタイヤに

プロフィール

日本の某大学院を卒業後海外で研究者として働いていたが、和食が恋しくなり帰国。しかし科学に関する本を読んでいると食事をすることすら忘れてしまうという、自他ともに認める“科学オタク”。

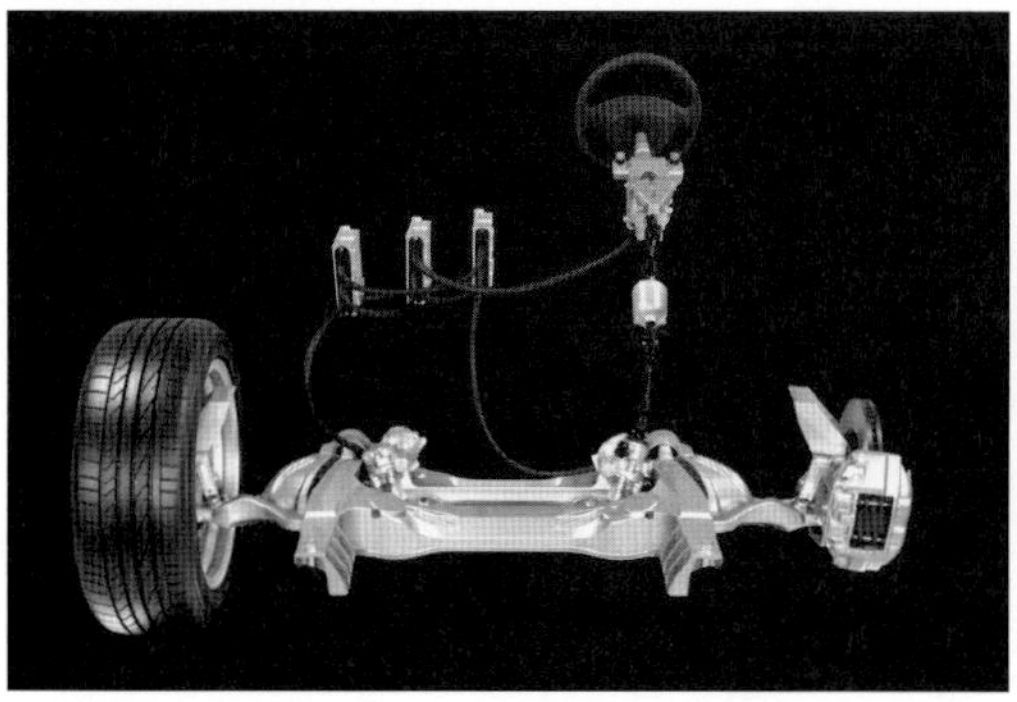

ステアバイワイヤ技術を採用した日産自動車のステアリングシステム
（出典：日産自動車）

いま航空機はフライバイワイヤ（Fly by Wire）と言って、操作した操縦桿《そうじゅうかん》やペダルの動きを電気信号に変え、ワイヤ（Wire＝電線）で主翼、尾翼に伝え、制御することが多くなっているのだが、自動車のシステムでも同様の方法が考えられ、もうすぐ実用化される。これがステアバイワイヤ（Steering by Wire：以下、SBW）と呼ばれるシステムだ。

従来の自動車ではハンドル（正式にはステアリングホイールという）の動きは、回転角を伝える軸と歯車によって機械的な接続で繋がれ、前輪のタイヤの角度を制御している。

SBWではハンドルの回転角や回転量などをセンサーで検出し、電気信号として前輪の方向を変えるモーターに伝えて制御する。

従来の機械式のハンドル操作ではハンドルとタイヤをつなぐために装置の配置位置には制約があった。SBWではワイヤ（電線）を使うため、ハンドルとタイヤの位置は固定されず自由な配置を行うことができる。例えば車の前面にドアを作り、そこから乗り降りできるデザインも可能だ。車が発明されて以来、長い間使われてきた車のデザインから離れてもっと自由に設計することができるようになりそうだ。

また、テレビのCMでよく見かける衝突が予測される緊急時の回避行動も、SBWではハンドルやペダルの操作データがすべて一度コンピュータによりデータ処理されてから進行方向やエンジンの回転速度などをコントロールしているために、自動化がしやすく、プログラム次第でより安全な車ができやすくなっている。歯車などがなくなるため、エコにとって重要な車の軽量化にも寄与することができる。

日産自動車が発表したシステム**【写真】**では、信頼性向上のために情報処理装置を３個使用し、３個の装置がお互いに監視しあい、１つの装置が故障などで判断を間違えても、残りの２つで正しい判断ができるようにしてある。

車の開発は、エンジンや電気自動車関連がよく報道されるけれど、より快適、安全で、もっと自由な車をめざして、そのほかにもいろいろな部分で開発は進んでいるんだね。

みんなの数学広場

TEXT BY かずはじめ

数学を子どもたちに、楽しく、わかりやすく、使ってもらえるように日夜研究している。好きな言葉は、"笑う門には福来る"。

問題編

初級～上級までの各問題に生徒たちが答えています。どの生徒が正しい答えを言っているか当ててみよう。もちろん、当てずっぽうじゃなく、実際に問題を解いてみてね。

答えは次のページ

上級

以下のPQRSTにはそれぞれ異なる1～9の1桁の数字が入ります。Rにあてはまる数はなんでしょうか？

$$
\begin{array}{r}
PQRST \\
\times \quad\quad 4 \\
\hline
TSRQP
\end{array}
$$

A

答えは…
7
P=1だから計算したら7でした。

B

答えは…
8
P=2で、計算すると8になりました。

C

答えは…
9
P=2で計算したら、9になったよ。

中級

単位時間あたり一定量の水の出るポンプを使ってプールに水を入れるとする。
プールに水をいっぱい入れるのに、ポンプⅠを使うと2時間、ポンプⅡを使うと3時間かかるとき
ⅠとⅡを同時に使うとどのくらいかかりますか。

A

答えは…

2時間半

2時間と3時間の間でしょ。

B

答えは…

1時間36分

ちゃんと計算しました!

C

答えは…

1時間12分

意外と早いよね。

初級

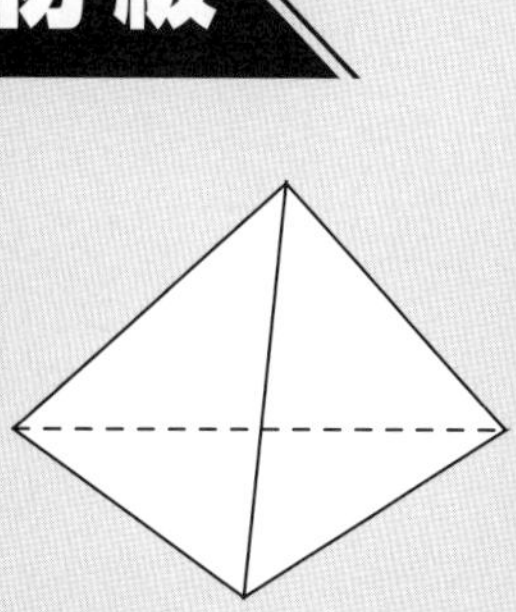

正三角形を4枚つなげてできる立体は正四面体と言います。別名は三角すいとも言います。

では、この正四面体を2つつなげてできる右の立体の名前はなんでしょうか?

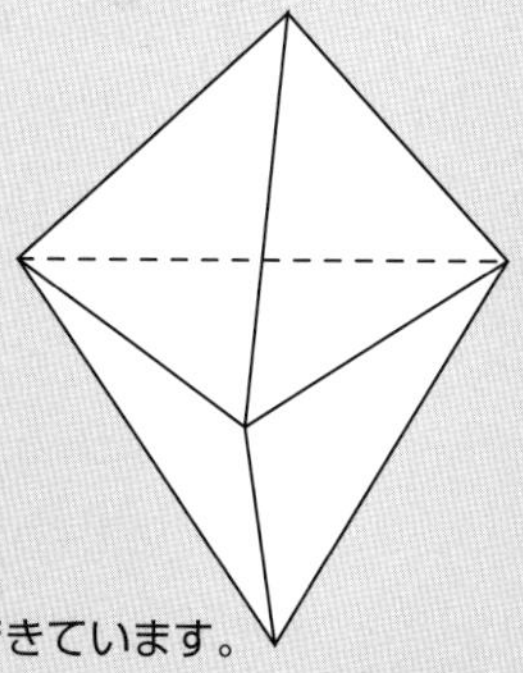

ヒント:この立体は正三角形8枚からできています。

A

答えは…

クロス六面体

正四面体がかけあわさってるから「クロス」。

B

答えは…

デルタ六面体

正三角形が集まってるから「デルタ」です。

C

答えは…

オイラー六面体

「オイラー」さんが考えたんだよね。

みんなの**数学広場**

解答編

上級

正解は 答え **C**

（手順1）
5桁の数字に4をかけても5桁なので
Pには1か2が入ります。

（手順2）
P＝1だとすると、1の位（T×4の1の位）＝P＝1となるTが存在しないのでP＝2と決まります。

（手順3）
P＝2なので、1の位（T×4の1の位）が2となり、Tは3または8となります。
また1万の位がP×4＝2×4＝8＝T
よってT＝8と決まります。

（手順4）

$$\begin{array}{r} 2QRS8 \\ \times \quad\quad 4 \\ \hline 8SRQ2 \end{array}$$

1の位が8×4＝32なので3が繰り上がりますから
10の位のQ＝(4×S＋3)の1の位の数になります。
すでに2と8を使っていますから
{1,3,4,5,6,7,9}のなかからQとSを決めます。

Sから決めると
S＝1のときQ＝7…あ
S＝3のときQ＝5…い
S＝4のときQ＝9…う
S＝5のときQ＝3…え
S＝6のときQ＝7…お
S＝7のときQ＝1…か
S＝9のときQ＝9より不適

あ
$$\begin{array}{r} 27R18 \\ \times \quad\quad 4 \\ \hline 81R72 \end{array}$$
この万の位、千の位に注意すると
27×4＝108より不適

い
$$\begin{array}{r} 25R38 \\ \times \quad\quad 4 \\ \hline 83R52 \end{array}$$
この万の位、千の位に注意すると
25×4＝100より不適

う
$$\begin{array}{r} 29R48 \\ \times \quad\quad 4 \\ \hline 84R92 \end{array}$$
この万の位、千の位に注意すると
29×4＝116より不適

え
$$\begin{array}{r} 25R38 \\ \times \quad\quad 4 \\ \hline 83R52 \end{array}$$
この万の位、千の位に注意すると
25×4＝100より不適

お
$$\begin{array}{r} 27R68 \\ \times \quad\quad 4 \\ \hline 86R72 \end{array}$$
この万の位、千の位に注意すると
27×4＝108より不適

か
$$\begin{array}{r} 21R78 \\ \times \quad\quad 4 \\ \hline 87R12 \end{array}$$
R=9

最後に計算してみても正しいことがわかります。

A

P＝1になるTは存在しないのですよ。
どうやって計算したの?

B

8はTでしたね。
残念。

C

中級

正解は　答え C

じつはこれは2012年の岩手大(国立)の入試問題なんです!
プールの満水量をVとすると
1時間あたりポンプⅠは$\frac{1}{2}$V
1時間あたりポンプⅡは$\frac{1}{3}$Vの水が出るので両方使うと
$\frac{1}{2}$V+$\frac{1}{3}$V=$\frac{5}{6}$Vの水が1時間に入るので
V÷$\frac{5}{6}$V=$\frac{6}{5}$時間=1時間12分
ということになりますね。

ちゃんと考えましょう!
直感はダメですよ!

Bを選んだキミ
ホントにちゃんと計算した!?

初級

正解は　答え B

デルタとはギリシャ文字でΔと書きます。
つまり三角形を表します。
そのままズバリですね!

クロスは十字の意味ですよ。
確かに交点はそうですが。

オイラーさんが考えた
わけではありません。

めざしています

先輩に聞け！

大学ナビゲーター

横浜市立大学

医学部医学科5年

黒岩《くろいわ》　冴己《さえき》さん

患者さんとの関わりあいが地域医療の魅力です

――横浜市立大の医学部を受験したきっかけを教えてください。

「家庭医療や地域医療を学んで町の医者になりたいと思ったからです。小学生のころから将来の選択肢として医者になるというのがありました。中学生で『Dr.・コトー診療所』という離島の診療所を描いたドラマを見たり、地域医療について書かれた本を読んで、森や山奥で働いている医者に憧れるようになりました。高校受験のときに感じた理系への苦手意識から、一度は医学部への道を諦めかけましたが、やっぱり医者になりたいと、医学部を受験しました。」

――大学ではどんな勉強をしていますか。

「1年では数学や英語などの基礎科目を勉強します。本格的に医学部の授業が始ま

【高校受験で挫折を経験】

高校受験のときは、野球部を引退した夏から塾に通いましたが、少々遅かったと後悔しました。第1・第2志望校とも落ち、とてもショックを受けました。

また、受験を通して数学への苦手意識が根づいてしまって、医学部を志すこと自体を諦めようとしてしまいました。しかし、父親に「医者になりたいならなりなさい」と説得され、受験での悔しい思いをバネにして、大学受験は絶対に医学部へ合格するぞと、高校入学時から目標を高く持ちました。目標は高く持って頑張るべきだと思います。

【苦手な数学へも挑戦】

数学も医者になるためには取り組まざるをえません。文理選択では好き嫌いではなく、目標のために理系を選択しました。数学は苦手でも、解き方を覚えれば解ける問題もあり、計算力は根気よくやれば絶対に成長します。1冊の問題集を何度も解いて解き方をマスターし、受験に臨みました。

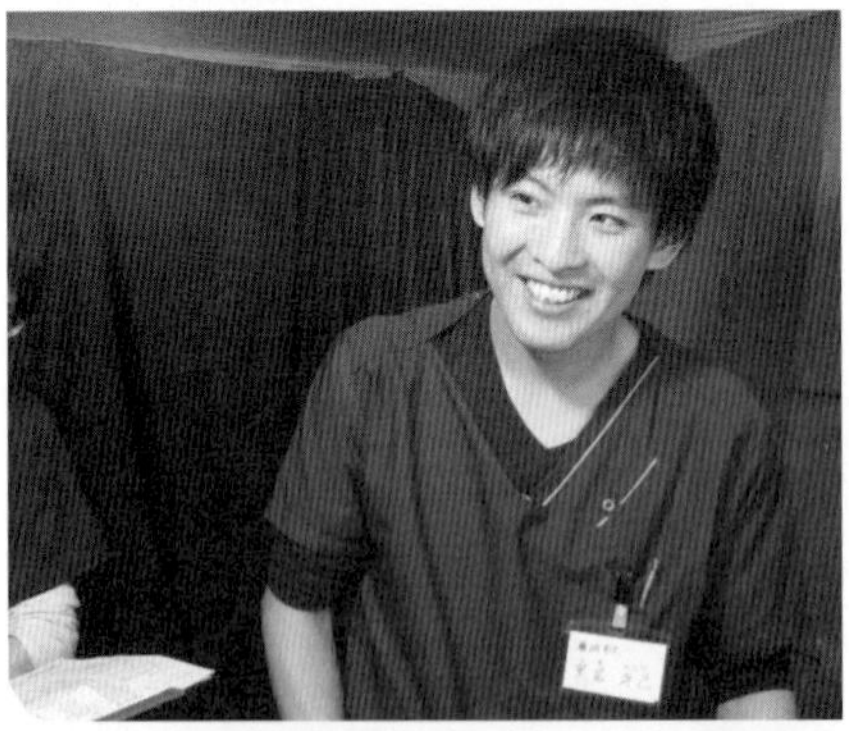

ブラジルでの巡回診療健診実習。心電図測定の準備中。

ブラジルにて実習後の観光地めぐり。

るのは2年からで、まず基礎医学（正常な身体）を学び、3・4年では臨床医学（病気の身体）について学びます。2年では初めての人体解剖も行います。そして5年から6年にかけてが実習です。」

――現在5年生ですが、実習はどうですか。

「循環器内科や消化器内科などさまざまな実習を行います。1人の患者さんを担当し、毎日の体調の変化を診ながら身体の問題について考えます。実際に現場に立つと、もっと勉強しないと実習の内容を理解できないし、もっと知識をつけないと患者さんも治せないと痛感します。実習をきっかけに気持ちが高まり、勉強する意欲が湧きました。」

――黒岩さんの理想とする医者とはどんな医者ですか。

「医学部をめざし始めたころからずっと、地域医療を専門とする町の医者になりたいと思っています。大きな病院では、難しい病気の患者さんを相手にするため、最先端医療での治療が中心になってきます。反対に、風邪を引いたり、予防接種を打ちたいときでも1番相談しやすいのが町の医者です。病気を治すよりも予防する、温かさとコミュニケーションが大切だというところが魅力的です。子どもから大人まで継続的に患者さんと関わっていけるような町の医者をイメージしています。」

――大学生活について教えてください。

「たくさんの人と会うことを心がけています。自分が関東支部の代表を務める『日本プライマリ・ケア連合会学学生・研修医部会』では、町の医者として働いている方々に会ったり、同じ地域医療に興味を持つ学生と語りあい、モチベーションを高めています。また、学校のフィールドワークプログラムとして、昨年の夏にブラジルへ2週間の研修に行きました。」

――ブラジルではなにをしましたか。

「ブラジル日系永住者の医者の方と私を含む学生4人でチームを組み、永住者がたくさん住んでいるコミュニティを訪問しました。毎日20人程健診をお手伝いさせていただき、健康指導をして、また次の町へ向かうという日々を過ごしました。ブラジルでお世話になったその先生は温かい人柄で、研究や診療の技術も一流の素敵な医者でした。健診のとき以外も町を案内してくださり、ご飯をご馳走になったりと親切にしてくださいました。私が思う理想の医者というのは、決して1人には絞れないけれど、素晴らしい先生に出会えました。」

――将来の目標を教えてください。

「生まれ育った神奈川県で自分の診療所を持ち、医者として地域の健康を担っていきたいです。患者さんの健康維持のため、ずっとつき合っていけるような温かい医者になることが私の将来の目標です。」

地域の人の健康を維持する温かな町の医者を

【1冊の問題集を完璧にこなす】

1冊の問題集を繰り返すことで、まず自信がついて緊張しなくなり、テストのあとで復習もしやすくなります。この問題はテキストによるとどうやって解くべきだったか、テキストにない問題だから解けなくてしょうがなかった、など評価がしやすいです。私はこれで勉強法に悩まなくなり、すごく勉強がはかどるようになりました。いまも続けている勉強法です。

どの教科においても、複数のテキストを使うと出てくる単語の意味が微妙に違ったり、問題の解き方が違うので、勉強したつもりでも頭に入っていないことがあります。

【ブラジルで感じたこと】

ブラジル日系永住者が日本の文化をとても大切にしていることに感動しました。おにぎりやおみそ汁を作ってくれたり、町では盆踊り大会もあるみたいです。外国にいる日本人ほど、アイデンティティが確立され、より日本人らしくあるように務めるのだと実感しました。

【受験生へのメッセージ】

受験期は周りの人を意識してしまってストレスに感じることが多いですが、「隣の芝は青く見える」だけなので、気にせずマイペースに頑張ってください。

あとは、模試はそのときの自分の状態を見るために受けるものなので、判定に一喜一憂せず、復習にもなるいい機会だと思って取り組んでください。

あたまをよくする健康

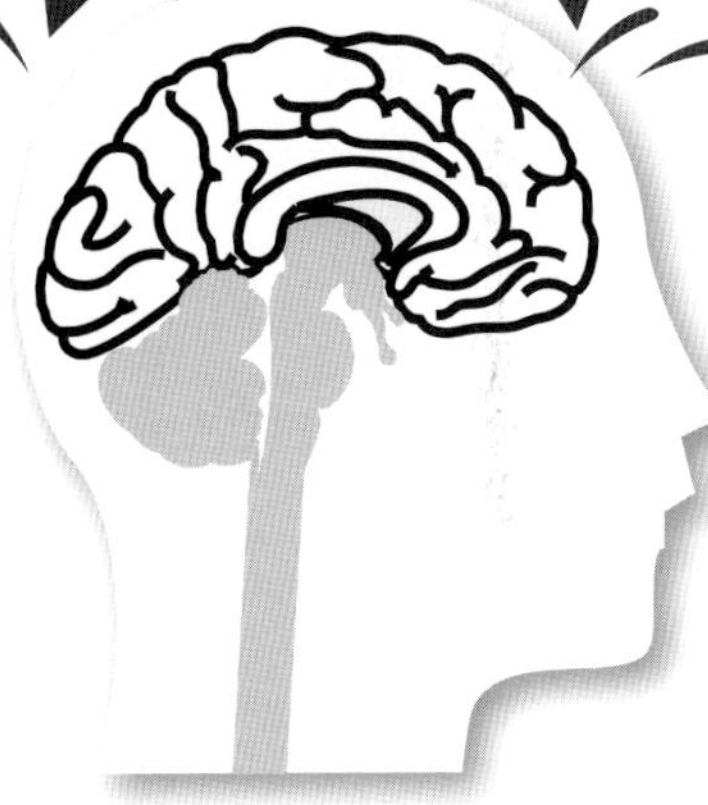

ナースであり
ママであり
いつも元気な
FUMIYOが
みなさんを
元気にします！

by FUMIYO

今月のテーマ

プレッシャー

ハロー！　FUMIYOです。「明日は大事な試験だ。これまで頑張って勉強した成果をしっかりと出したい。スッキリした頭で明日を迎えるためにも早く寝よう」とベッドに入ったものの、「本当に大丈夫かなあ？　失敗したらどうしよう」と不安になって、なかなか眠れなくなってしまった経験をしたことがある人もいるんじゃないかな。

ここ一番！　というときに現れてくる、このプレッシャー。どうしたら、プレッシャーを感じながらもいままでの実力を出すことができるのでしょうか？

プレッシャーという言葉の意味を辞書で引くと、「圧力・とくに精神的圧迫」と書かれています。イメージとしては、緊張に押しつぶされそうな感じや、ここから逃げ出したいという感じなどが浮かんできます。

最近の研究によると、プレッシャーを苦しいと感じるのは、前頭葉前部が正常に働かなくなってしまうことが原因なのだそうです。この前頭葉前部は思考や論理をつかさどる部分で、失敗を恐れる気持ちがこの部分を占めてしまうと、脳の思考経路は正常に働かなくなってしまいます。

プレッシャーには「失敗したらどうしよう」だけではなく、「成功したい！　そのためには、どうしたらよいのだろうか？」と考えすぎてしまうプレッシャーもあります。これらのさまざまなプレッシャーも、うまく乗り越えれば、自分の力にすることができます。ここで、その方法を見て行きましょう。

①プレッシャーに慣れよう！

練習と本番のギャップの差が少ない方が、本番当日、大きな力を発揮できます。例えば、学校の定期テストや、模擬テストなどを入試本番のつもりで臨みましょう。さらに、自宅で過去問を解くときは、家族の方に時間を計ってもらうのも効果的。どのタイミングで自分がドキドキするのかを知ることで、自分の行動予測ができ、頭が真っ白になることを防ぐことができます。

②結果を冷静に受け止めよう！

こんなに頑張ったのに、思ったような結果が出なかった。プレッシャーを感じると、いつもならできることでも、できなくなってしまうことがあります。さらに、「次も失敗したらどうしよう」という負の思考回路も働きます。このマイナスをプラスに変えて、過去の失敗は「自分の弱点を知る絶好のチャンス」だととらえ、結果を冷静に受け止めましょう。間違ったりできなかった原因を知ることでプレッシャーに左右されなくなります。

③書き出してみる！

心配事やプレッシャーに感じていること、苦手な問題など、心のなかにあることを書き出してみましょう。書いてみることで、漠然としていたことが脳のなかで整理され、この先、なにに取り組むべきかがはっきりしてきます。

プレッシャーのなかにいるときはとてもつらいですが、自分が思い描いていた結果を得られたときは、大きな自信につながっていきます。上手に自分の心のなかにあるプレッシャーを味方につけましょう！

Q1 東大生の選ぶ歴史上の人物でプレッシャーに強いと思われているのはだれでしょうか。

①織田信長　②豊臣秀吉　③徳川家康

正解は①の織田信長です。
2位はナポレオン、3位に坂本竜馬、徳川家康、5位が豊臣秀吉でした。「鳴かぬなら殺してしまおうホトトギス」で有名な織田信長、待ったなしです。

Q2 東大生の選ぶアニメキャラでプレッシャーに強いと思われているのはだれでしょうか。

①ルフィ　②桜木花道　③ドラえもん

正解は①のルフィです。
2位は桜木花道、3位にドラえもんと孫悟空が並びました。確かにルフィが緊張している様子はなかなか想像がつかないですね。

ライオン株式会社　「受験とプレッシャーに関する意識調査」より

あれも日本語 これも日本語

第37回

歌舞伎から生まれた言葉

東京・銀座の歌舞伎座が改築中だけど、我々が日常使う言葉にも、歌舞伎に由来する言葉がたくさんあるんだよ。

まずは花道。舞台から客席のなかに伸びる通路のことだ。役者が舞台に出入りするのに使う。相撲でも支度部屋から土俵に向かう通路を花道と言う。

一般には、引退の場面で使われるね。「彼は引退試合でホームランを打ち、花道を飾った」のように。

どんでん返し。舞台にしかけてあるからくりの1つで、ひっくり返したり回転させたりして場面がガラッと変わる仕組みを言うんだ。

そこから、状況がすっかり逆転することを言うようになった。「うまくいっていたのに、最後にどんでん返しをくって失敗した」なんてね。

黒子《くろこ》。黒衣とも書く。歌舞伎の舞台で真っ黒な衣装を着て、役者の衣装替えや舞台装置のセットなどを行う人のことだ。そこから表舞台には立たないで、陰から人を操ったり、後見したりする人のことを指すようになった。

十八番《おはこ》。歌舞伎の名家である市川家が得意とする「勧進帳《かんじんちょう》」「暫《しばらく》」など18の演目のことだ。

そこから、自分が得意にするもののことを言うようになったんだ。カラオケで「その歌はぼくの十八番だ」のように使う。

奈落《ならく》。舞台や花道の下の空室のこと。舞台や花道はエレベーター式に上下して奈落と連絡し、役者はそこで着替えたりするんだけど、そこから地獄の底や物事のどんづまりのことを言うようになった。「彼の厳しい追及で奈落の底に突き落とされた」とかね。

だんまり。役者がせりふなしで、動きだけで演ずることを言うんだけど、転じて無口な人、あるいはわざと発言しないことを言うようになった。

「彼は都合が悪くなると、だんまりを決め込む」というように。

最後は千秋楽《せんしゅうらく》。興行の最終日のことだ。相撲でも使われるね。千秋は千年のことで、その最後を楽しむことからきているという説もある。

歌舞伎を直接見るチャンスはあまりないかもしれないけど、言葉は我々の生活に溶け込んでいるね。

Success News

ニュースを入手しろ!!

サクニュー!!

産経新聞編集委員
大野 敏明

▶PHOTO　使用済み燃料の取り出しに向けて準備を急ぐ福島第１原発４号機＝10月12日午前10時53分、福島県大熊町［代表撮影］（時事　撮影日:2012-10-12）

今月のキーワード

原子炉廃炉への道

東日本大震災から2年がたちましたが、東京電力福島第1原発事故はなかなか収束のめどがみえません。

福島第１原発には6つの原子炉がありますが、震災時、稼働中だった１～３号機は大地震のあとの大津波で冷却機能が喪失し、原子炉が溶けてしまうメルトダウン状態になってしまいました。

また、点検中だった４号機も冷却機能が喪失してしまいました。５、６号機の損害は比較的軽微とされています。

問題はメルトダウンを起こした１～３号機と、４号機をこれからどのようにして廃炉処分にするかです。

現在、原子炉は冷温停止状態を維持しており、これからも維持する必要があります。そのうえで、放射性物質を除去しなければなりません。そのため、炉内に残っている滞留水の放射性物質濃度を下げる機器を設置し、同時に炉そのものの放射性物質も除去していくことになります。

炉内の放射性物質濃度はまだまだ高く、人体に大きな被害をもたらす可能性があるため、作業は慎重に時間をかけて行われることになります。

こうした作業に並行して発電所の敷地外への放射性物質の流出や影響を限りなく低くする取り組みを継続しなくてはなりません。

原子炉そのものを覆って放射性物質が出ないようにし、敷地内のがれきや伐採林を保管するか処分して、影響が出ないようにします。

こうした措置をしたうえで、使用済み燃料プールから燃料を取り出し、処分するとともに、原子炉跡地を完全に閉鎖して放射性物質の影響のない状態にしていくことになります。

しかし、まずはどのように放射性物質を完全に取り除くのか、また、放射性廃棄物をどのように処理、処分するのか、具体的な方策はまだ決まっていません。

ある地区に埋めようとしても、その地区周辺の住民から強い反対運動が起きます。放射性廃棄物ですらそうですから、燃料そのものをどこにどのように処分するかは、政府も東電も決めかねています。

また、莫大な経費がかかることも予想されています。当然、東電だけでまかなえるはずもなく、政府が予算措置を講じなければなりません。

事故から２年たちましたが、問題は始まったばかりなのです。原発廃炉の道筋はまだ立っていないと言っていいでしょう。最終的な廃炉には数十年かかるとの意見もあります。

モヤモヤするけどどうすれば？心を育てるための57のヒント集

『14歳の青い空　もっと心が強くなるヒント57』

人それぞれ差はあるけれど、中学生というのは心も身体もすごく変化していく時期だ。その変化をうまく受け入れられる子もいれば、変化についていけず、心と身体のバランス、まわりの人との関係がうまく取れなくなる子もいるだろう。

なんとなくモヤモヤするけど、それがなんなのかわからない、どうすればいいかわからないと悩んでいる人もいるだろう。

でも、そうやって悩むことは、じつはおかしなことではなく多くの人が通る道で、だから、焦ったり、必要以上に人と比べたり、自分を責めたりしなくていいんだ。

著者は言う。「体が急激な成長をとげるために心がなかなか追いつかず、それで心が悲鳴をあげているのです。体と心のバランスをとるのは大人にもむずかしいことなのですが、思春期は、最もバランスをとりづらい時期といえるでしょう」と。

この本は、そんな時期のまっただなかにいる中学生のみんなに向けて、自分を知り、友だちと向きあい、社会とはなにかを理解して、心を育てていくためのヒントが詰まっている1冊だ。

目次を見てみると「自分をみつめよう」「仲間と向きあおう」「未来を考えよう」「社会を知ろう」「もっとかがやこう」という5つの章に分かれている。

「自分をみつめよう」の章では、まず「気持ちを伝える」ことについて書かれている。思春期になると、なぜ親や周りの大人との会話がトゲトゲしくなったり、面倒になったりしていくのか、それをどうすればいいのか。

人によっては、ここに書かれていることも説教くさく感じたり、自分には関係ないと思うかもしれない。でも、この本のなかに自分が悩んでいることについて書かれている部分が1つでもあるなら、一度目を通してみてほしい。

悩みをきっかけにして、自分のこと、他人のこと、社会のことを考えるようになれば、君のなかのモヤモヤした気持ちが少しでも軽くなるかもしれないよ。

『14歳の青い空　もっと心が強くなるヒント57』

著／竹村早智子
刊行／幻冬舎ルネッサンス
価格／1200円＋税

さまざまな、兄弟の形

バックドラフト

1991年/アメリカ/ユニバーサル・ピクチャーズ
監督:ロン・ハワード

「バックドラフト」ブルーレイ発売中
1,980円(税込)
発売元:ジェネオン・ユニバーサル・エンターテイメント

見どころ満点の消防士映画

「アポロ13」や「ダヴィンチ・コード」などを手掛けたロン・ハワード監督の代表作の1つ。迫力のある火災現場への突入シーンや、犯人像を巡ってのサスペンス、さらに、兄弟愛、家族愛、恋愛など、さまざまな要素が盛り込まれている見どころ満点の映画です。

幼いころ、消防士だった父の死を火事の現場で目の当たりにした次男のブライアンは、心に傷を負ったまま、迷いながらも消防士の道を歩み始めます。

ブライアンは折りあいが悪い兄のスティーブン率いる17小隊へ配属されますが、兄弟の溝は深まっていくばかり。

そのなかで、市長による消防現場への不当な新政策、火災現場での仲間の死、不審火の謎、そして囚人であり元放火魔の言葉などが錯綜し、物語は急展開を見せます。

手に汗握るクライマックスは、タイトル通り、激しいバックドラフト（逆気流による爆発的な炎）の連続。ブライアンとスティーブン兄弟の命は？　そして、彼らは極限のなかでお互いをわかりあうことができるのでしょうか。

レインマン

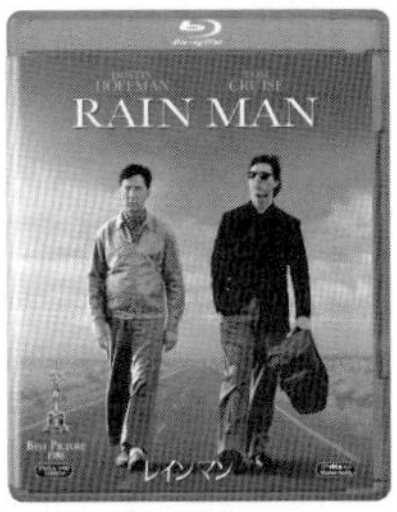

1988年/アメリカ/ユナイテッド・アーティスツ
監督:バリー・レヴィンソン

「レインマン」ブルーレイ発売中
2,500円 (税込)
発売元:20世紀フォックス ホームエンターテイメント ジャパン

自閉症の兄とその弟、深いきずなの物語

アカデミー賞、ゴールデングローブ賞、ベルリン国際映画祭で作品賞を受賞した名作です。タイトルの「レインマン」は、直訳すると"雨男"ですが、この言葉には兄弟の深いきずなが隠されています。

若いころに家を飛び出したきり、自由な暮らしをしていたチャーリー（＝トム・クルーズ）でしたが、父親の遺産を巡ってトラブルが起こります。相続人は、チャーリーがいままで存在すら知らなかった自閉症の兄、レイモンド（ダスティン＝ホフマン）だったのです。

遺産目当てで兄を連れ出し、2人は旅に出ます。なかなか意思の疎通がとれないなか、兄の独り言によって、愛情あふれる幼い日々の記憶が蘇っていきます。

チャーリーの記憶にあった「レインマン」という言葉は、本当は違う意味を持っていました。家族の愛情に育まれてきたことを知ったチャーリー。自由気ままに生きてきた彼ですが、これからの人生はなにか変わるに違いありません。若かりしトム・クルーズの輝きと、自閉症のレイモンド役のダスティン・ホフマンの名演が見ものです。

手 紙

2006年/日本/ギャガ・コミュニケーションズ
監督:生野慈朗

「手紙」Blu-ray & DVD 発売中
Blu-ray 2,100円(税込)
DVDスタンダード・エディション 3,990円(税込)
発売元:ギャガ

犯罪者の家族を待ち受ける厳しい運命

東野圭吾の小説を原作としたこの映画は、凶悪な犯罪者の家族に向けられる世間からの厳しい差別と扱いを描いています。たとえ早くに両親を亡くし、兄が弟を育ててきたという背景があったとしても、たとえ弟の大学進学資金を得るためという理由があって強盗殺人をしてしまったとしても、犯罪を犯せば、世間にとっては、そういった理由は一切関係ないのです。残された家族は、一生逃れられない厳しいまなざしを受けて生きていかなければならないのです。

生活は貧しくても、手と手を取りあって生きてきた仲のよい兄・剛志（＝玉山鉄二）と弟・直貴（＝山田孝之）。しかし、兄が強盗殺人を犯したことですべてが一変します。殺人犯の弟というレッテルを張られた直貴は、引っ越しと転職を重ね、世間からの目を避けるかのように生きていかねばならなくなります。それでも、刑務所の検閲印が押された兄からの手紙は、届き続けるのでした…。

苦しみもがいたあげく、直貴が決意したことこそが、この映画のなかでは、真の兄弟愛の形なのかもしれません。

米テキサス州出身。某有名エジプト学者の弟子。1980年代より気鋭の考古学者として注目されつつあるが本名はだれも知らない。日本の歴史について探る画期的な著書『歴史を掘る』の発刊準備を進めている。

春日 静

中学1年生。カバンのなかにはつねに、読みかけの歴史小説が入っている根っからの歴女。あこがれは坂本龍馬。特技は年号の暗記のための語呂合わせを作ること。好きな芸能人は福山雅治。

山本 勇

中学3年生。幼稚園のころにテレビの大河ドラマを見て、歴史にはまる。将来は大河ドラマに出たいと思っている。あこがれは織田信長。最近のマイブームは仏像鑑賞。好きな芸能人はみうらじゅん。

鉄砲伝来

鹿児島県の種子島に鉄砲が伝来して今年で470年。
鉄砲伝来により戦争の形態も大きく変化した。

静 今年は日本に鉄砲が伝来して470年なんだってね。

MQ 1543年（天文12年）、室町時代の末期だね。

勇 種子島《たねがしま》に伝わったんだよね。

MQ それ以前に伝来したという説もあるけど、一般的には、いまの鹿児島県種子島に漂着したポルトガル船に積まれていた鉄砲が伝えられたのが初めてとされている。鉄砲は火縄銃で、導火線にした火縄に点火して火薬を爆発させ、その勢いで弾を発射するというものだった。

静 ポルトガル人と日本人は会話が成立したの？

MQ 船には中国人が乗っていて通訳をしたんだ。種子島の領主だった種子島時尭《ときたか》がそのうちの2挺を購入して家臣に使い方を習わせたんだ。習わせただけではなく、島の刀鍛冶《かたなかじ》に命じて同じものを作らせたんだよ。

勇 すごい。同じものはすぐにできたの？

MQ 強度が足りないなど、最初はうまくいかなかったけど、やがて本物並みの鉄砲ができるようになった。以来、火縄銃のことを種子島とも言うようになったんだ。

静 それが全国に伝わったのね。

MQ たまたま種子島に来ていた堺の商人が本土に持ち帰り、堺で生産が開始されたんだ。それが鉄砲鍛冶の始まりだね。

勇 いつごろから戦場で使われるようになったの。

MQ 鉄砲生産の技術は堺から各地に伝わり、早くも1550年代には現在の鹿児島県の薩摩で戦闘に使われたという記録がある。

静 戦争の形態も変わったんでしょ。

MQ それまでは刀、槍、弓矢で戦っていて、騎馬武者が主役。互いに名乗りあっていたけど、鉄砲の登場で、雑兵《ぞうひょう》と呼ばれる徒歩の兵士が騎馬武者を鉄砲で倒すようになり、戦闘形式が大きく変わった。その象徴的な戦闘が長篠の戦いだ。

勇 織田信長と甲斐の武田氏との戦闘だよね。

MQ この戦いで織田軍は鉄砲隊を前面に出し、攻めてくる武田の騎馬軍団を壊滅させてしまったんだ。織田信長の天下取りは鉄砲によるところが大きいね。当時の日本の火縄銃の生産量は、同時期のヨーロッパよりも多かったという説もある。ポルトガル人が伝えた鉄砲は失われてしまったけど、国産第1号はいまも種子島にあるよ。

高校受験 ここが知りたいQ&A

Q 意志が弱くなかなか予定通り勉強ができません

家でも勉強したいとは思っているのですが、予定を立ててもなかなか実行できません。意志の弱い自分は計画通りにできないと、イヤになってしまいます。どうしたらいいのでしょうか。教えてください。

（さいたま市・中2・YM）

A 計画をこなすだけの勉強ではなくしっかりと自分の学力になる勉強を

予定通りに学習を進めることができないという悩みは、多くの人が抱いています。ここで大切なことは、決して予定を立て、それにしたがって学習することだけに意味があるのではなく、学んだ内容を身につけ、学力をつけていくことが勉強の目的であるという点です。

ともすれば、綿密なスケジュール作成に時間と精力を費やしてしまいがちです。万全の予定表はできても、勉強の実践が伴わないとするなら、それでは本末転倒です。

もちろん、具体的な方針をまったく持たずに学習に臨むことは得策ではありません。おおまかであって構わないので、ある程度のプランニングをして家庭学習に向かうべきでしょう。その際、大切なことは、計画段階において完璧を期そうとしないことです。予定はあくまで未定のことであって、さまざまな事情から変更することもありえます。あまり細密な計画を立ててしまうと、自分の予定表に縛られてしまい、プラスにならないことも多くあります。

ですから、学習計画は中長期的に大まかなプランでとらえ、日々の計画としては、具体的に小さなことをメモなどに書き出しておき、それが完了したら、線を引いてチェックしていくというようなやり方がよいでしょう。

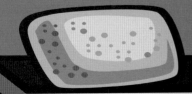

受験情報

Educational Column

15歳の考現学

高校に進学したら
人生の糧となる楽しみや
友との出会いを大切に

私立 INSIDE

私立高校受験

東京都内私立高校の
入試システムを知ろう

公立 CLOSE UP

公立高校受験

志望校調査から探る
2013年度都立高校入試

BASIC LECTURE

高校入試の基礎知識

学校選びの基礎
志望校を決める
そのためのプロセス

神奈川

公立高校全日制希望者は減少

神奈川県の2013年度公立中学卒業予定者の進路希望調査結果が発表された。

調査対象となった公立中学卒業予定者数は前年より1075人増え、6万8929人。2年連続の増加で首都圏の1都3県では最大増。

このうち、進学希望者は6万6281人で全体の96.2%。前年より1106人増え、0.1ポイント上昇した。だが、全日制高校への進学希望は前年より0.2ポイント下がり91.2%と減少した。公立高校入試制度の大幅変更で、公立全日制への希望率が下がり、安全策をとって私立高校を希望する割合が上昇したとみられる。

埼　玉

数・英のワークシートを公開

埼玉県教育委員会は12月、小学生、中学生の学力向上をめざす「学力向上ワークシート」を作成、ホームページ上に公開した。

昨年までは数学・算数だけだったが、今回から中1のみだが英語が加わった。

教職員の授業改善を目的としているが、各学年、単元別にワード形式でダウンロードできるため、生徒が利用しても家庭での演習用に役立てることができる。「自己評価シート」も各単元ごとにダウンロードできるので、その理解度も自分でチェックできる。

森上《もりがみ》　展安《のぶやす》

森上教育研究所所長。1953年、岡山県生まれ。早稲田大学卒業。進学塾経営などを経て、1987年に「森上教育研究所」を設立。「受験」をキーワードに幅広く教育問題をあつかう。近著に『教育時論』（英潮社）や『入りやすくてお得な学校』『中学受験図鑑』（ともにダイヤモンド社）などがある。

Educational Column

15歳の考現学

高校に進学したら人生の糧となる楽しみや友との出会いを大切に

まずは高校に進学すること事実上義務化している高校

入試の季節が始まりました。

筆者の知人は、この時期が「いまだに嫌だ」と言っています。

彼はいま、日本を代表する大企業の役員として経営の陣頭指揮をとる、いわば出世頭です。そんな彼でも大学受験で2浪した苦しさが、いまだに頭を離れないというのです。

入試の時期になると、それを思い出すので「いまでも嫌だ」というわけです。余程なにか苦しいことがあったのでしょう。

ついでに言うと、大学受験は「浪人」することができますが、高校受験ではどうでしょう。高校受験で浪人する人もいなくはありませんが、しないでも済むシステムになっている（？）とも言えます。

私立高校の少ない地方ではいまだに、「中学浪人」と言って高校受験で県立トップ校に入れなければまれに浪人する生徒もいないではありません。しかしいま、就職するときに出身高校それ自体を問うことはなくなっています。高校が最終学歴でない多くの人にとっては「中学浪人」することには、あまり意味がないことになります。

今度、政府の教育に関する教育再生会議で学制に関する議論がなされると報じられていますが、現に行われている高校無償化や、これに続く所得制限を設けるとはいえ実際上の無償化の継続のなかで、高校教育が義務化したことが前提とされています。

つまり人材選抜の事実上の先送り（15才の高校段階から18才の大学段階へ）が行われている、と言えます。したがって大学をどこにするか、ということは人材選抜の節目ですから、「浪人をしてでも…」という実体がいまだに続いているのです。

反面、高校入試では柔軟に学校選択をして、まずは「高校に進学をする」ということが大切です。

高校に進学できることは恵まれているということ

去年、筆者が相談を受けたなかに、私立大学附属の小、中と進学したものの家計の都合で都立高校を選択せざるをえなかったというケースがありました。ご両親が離婚されて授業料負担が継続できなくなったのが大きな理由でした。

つまり、いまは学力問題そのものよりも、じつはその背景に家計の問題があることが多くなっています。

また、家計は大丈夫でも不登校やひきこもりなどによって学校に通うこと自体が苦痛になっているので、高校進学をしないというケースも少なくありません。この場合も、学力の問題はどちらかというとおもたる原因ではないと言えます。やはり筆者の知人のご家庭でそのようなケースがあり、この方はいわゆるサポート校に進学しましたが、残念ながら強迫神経症が出て現在は社会人として仕事を始めています。

つまり、そのようなケースからみると、万全の受験勉強ができて難関校入試に挑戦する、というスタンスで受験に臨める受験生というのは、じつはとても恵まれているのです。

そのうえで、入試ですから合格はつきものですが、先程のような事情でどの高校に決まるにせよ、進学することを前提にして、その先で「よく生きる」ということを軸にして考えたいところです。

高校で「よく生きる」には周辺教科に目を向けたい

筆者の持論は、主要教科よりも少しだけ重みを周辺教科においてみてほしい、ということです。もう少し言えば、隠れたカリキュラムと言われるクラブや行事にウエイトをおいてみてほしいのです。

最近『周辺教科の逆襲』（小松佳代子編、叢文社刊）という本が出ました。もっぱら小学校の事例を取り扱っているのと専門家向けの本ですから、よほどご興味がないと目に触れる機会はないと思います。

しかし、そこで音楽、体育、家庭科、建築家の各専門家が論じておられることは周辺教科での教育のかなりの可能性です。

そしてこれらのほかに、（これから先に、というべきかもしれませんが）文化系サークルや体育系サークルがあります。よく高校受験組はガリ勉で、高校に入ったらともかく受験勉強一本で学校生活をエンジョイしにくい、という説を聞くし、そうした事実もあります。

しかし、それでは高校入学時の延長線上の「伸びしろ」にとどまり、それ以上の飛躍はあまり望めないのではないでしょうか。

そうならないためにはむしろ高校生活では周辺教科か、クラブあるいは行事のいずれか、また個々の社会人クラブなどで自らを活かす場を作っていってほしいものです。

そう言っては高校の先生に失礼にあたるかもしれませんが、数学や国語で正規授業が楽しい、という生徒はまれでしょう。しかし、数学クラブであったり、古典研究会であったりのサークル活動をするようなことは楽しいに違いありません。なお、筆者としては英語もこの周辺教科に加えたい、と個人的には考えています。楽しく身につけたものこそ「次」の展開に結びつきます。

友人との出会いを大切に努力できる力を身につけて

ただし、そのことのついでにもう1点望みたいことは、達成感のある取り組みを期待したいし、そのことをバネにして大学でなにをしたいのかを考えてもらいたい、と思います。

ある私立高校ではもう20年くらい前から文化祭の運営を生徒の自主性に委ねました。最近ではそれが学校文化として根づいているのですが、じつは運営をめぐり生徒同士はかなり深刻な対立・和解を繰り返すのがつねだそうです。しかし、そうした葛藤を経て文化祭が始まり、そして終わるころには各自の精神面で成長し、まさにひと皮むけるとのことです。

そして大学進学後はその道で最も高いところに目標をおいてほしい、ということもです。

例えば東大野球部のある投手のように、高校時代の腕はそこそこでも東大野球部ではエースになれる、という見通しを持って東大にチャレンジし望み通りエースになった、などというのもじつに楽しいエピソードです。

高校受験を通じて目標を持って努力することのパワーを実感した中学生は多いことでしょう。具体的な教科で身についたことも大切なことですが、努力ができる、という資産は生きるエンジンのようなものです。

たとえ第1志望に受からなくとも、また見事合格できたにしても「努力ができる」という資質を形成できたこと、そのことこそが意義深いことだと思います。

高校に進学すれば新しい出会いがあります。筆者は冒頭の出世頭の友人と大学で出会ったのですが、新しい出会いは人生を豊かにしてくれます。彼の周辺には筆者以外にも多くの友人たちが集います。彼が培った人生の豊かさは、彼の受験での苦しみに勝ることは、その後、人生を切り拓いた様子で十分示されていると思います。

東京都内私立高校の入試システムを知ろう

このコーナーは、受験生と保護者が首都圏の私立高校やその入試システムについて知っていただくためのスペースです。とりわけ受験学年である中学３年生には役立つ知識を取り扱う連載となります。今回は、東京都内私立高校の入試システムを取り上げます。都立高校との併願を考えている受験生は、私立高校選びを失敗してしまうとあとがありません。そのシステムをよく知って、学校選択に役立てましょう。

都内私立高校入試は２回 「推薦入試」と「一般入試」

東京都内には私立高校が２３０校以上あり、それぞれに特徴を持っています。その建学の精神によって、校風・教育方針もさまざまで、個性豊かな学校が多いと言えます。つまり、受験生にとって選択肢が多いということです。

また、その教育理念によって男子校、女子校、共学校があります。ここ数年では、男子校や女子校から共学校に移行した学校が多くみられました。

私立高校にもいくつかタイプがあり、進学校として大学受験を意識したカリキュラムを優先的に組む高校、系列の大学や短大に優先的に進学できる大学附属校、就職に有利な専門課程を持つ高校などがあります。

私立高校では、個性的でユニークな教育が受けられる反面、３年間にかかる費用は、授業料無償の公立高校に比べて高くなります。

平成24年度の東京の私立高校は受験料約２万３０００円のほか、学費の内訳が、授業料42万８００１円、入学金24万９２６３円、施設費５万４３１円、その他15万６１３４円となっています（いずれも平均）。ただし、公立高校が無償化される前の公立高校の授業料11万８０００円同額が国から補助されるほか、各都県からの補填もあります。

さて、私立高校の入学試験は、都県によって呼び方が違うものですが、東京都内の私立高校では、１月の「推薦入試（九割以上の学校が実施）」と、２月の「一般入試」に分けられます。両方を受けることもでき、２度チャンスがあると言えます。

かつては推薦入試に学力試験はありませんでしたが、最近では、適性検査という名称で筆記試験が課されることも多くなりました（後述）。

一般入試では学力試験が重視され

ます。学校によっては面接、作文なども行われます。公立高校と違って調査書はあまり重視されず、参考程度にとどめられています。

これらの学力試験や適性検査の科目数は、国語・数学・英語の3科目という学校がほとんどです。

「推薦入試」にもいくつかのスタイルがある

都内私立高校の推薦入試にも、いくつかのスタイルがあります。

いわゆる「推薦」は、後述する各校が定める推薦基準に達していれば、ほとんどの場合、合格が内定します。ただ、合格すれば、その学校に入学しなければなりません。

このほか「併願優遇」は、推薦入試を受けて、他校との併願を認めてもらうものです。他校の一般入試を受け、その合格発表を見てから入学するかどうかを決めることができます。

「自己推薦」という制度を持つ学校もあります。推薦基準に達していなくとも、部活動や他の資格試験・検定試験などを評価してくれるものです。この場合、中学校校長の推薦がなくとも受験できる学校がほとんどです。

●推薦基準

64ページからの「高校入試の基礎知識」でも触れていますが、都内の私立高校は、10～11月にかけて、学校説明会や入試要項のなかで、それぞれの「推薦基準」を公表します。

各私立高校に「推薦入試」の出願を受け付けてもらうには、その高校が公表した「推薦基準」を満たすことが必要です。「推薦基準」は、「5教科で○点以上」などのように内申点（中学校3年生2学期の通知表点数合計）で規定している学校がほとんどです。

自分の内申点が推薦基準を満たしていたら、中学校の先生との個人面談や三者面談（担任、保護者、本人）で、中学校の先生に志望意思を伝えましょう。

内申点の基準に1、2点不足だったとしても、英検などの資格取得級や生徒会・部活動実績などを加点してくれる学校も多くみられます。

もし、それでも推薦基準を満たしていなかったとしたら、推薦入試をあきらめ、その高校の「一般入試」受験にシフトするか、他校の推薦入試を考える必要があります。

●推薦入試当日

1月の推薦入試当日は、面接だけ、あるいは面接と作文という学校がほとんどです。ただ、進学後のクラス分けのために筆記試験を行う学校も増えています。

また、数はわずかですが、上位校のなかに入試相談を行わない学校があり、このような学校では、受験生の学力を直接チェックするために適性検査（内容は学力検査）を行っています。

このような学校では、推薦基準を満たして出願できたとしても、調査書の内容だけでなく、試験日に行われる適性検査（学力検査）や小論文・作文の結果も考慮されて合否が決まります。したがって、このような学校は厳しい倍率となります。

不合格になることも想定して、合格有望校の併願受験も考えておく必要があります。

「一般入試」のみの受験はどう併願するかが重要に

2月に行われる私立高校の一般入試は、「あとがない入試」とも言え、最も厳しい入試とも言えます。このため、不合格の場合も考え、「合格有望校」を確保しておく併願作戦も重要になります。

前述した私立高校の「併願優遇」も利用しましょう。この方法で「合格」を確保しておけば、一般入試に心おきなく挑戦することもできます。

また、私立の一般入試は、学校によって試験日が違うため、複数校受けることも可能です。

一般入試なら複数の「合格有望校」を受験することもできるわけです。

一般入試にも、「第1志望優遇」や、「第2志望優遇」といった優遇措置を設けている学校がありますので、学校説明会などでチェックしておきましょう。

ところで、「不合格なら都立高校」をと考えている場合、私立高校より都立高校の方が易しいと安易に考えるのは危険です。

英語・数学・国語3教科の学習に重点をおく私立高校受験と違い、公立高校の受験教科は5教科が一般的なので、理科・社会の負担がじつは大きいのです。

志望校調査から探る 2013年度都立高校入試

安田教育研究所　副代表　平松享

都内公立中学3年生の「志望予定調査」の結果から、今春の都立入試の傾向を進学指導重点校などを中心にまとめます。都内の公立中学校では、毎年、中学3年生の「志望予定調査」を行っています。1月上旬に新聞各紙に発表された志望倍率は、前年の12月時点で集計したもので、実際の倍率ではありませんが、一般入試の倍率を予測する大きな手がかりになります。

女子は4人に3人が都立を第1志望に

都内にある公立中学校の卒業予定者数は約7万6000名。このうちの約7割が都立高校を志望しています。男女別の志望率は、男子68・3%、女子75・0%と、女子は4人に3人が、都立を第1志望に決めています。

都立高校学科別平均志望倍率

	前年	今年
都立計	1.32	1.33
普（学年制男）	1.32	1.35
普（学年制女）	1.44	1.43
普（単位制）	1.46	1.42
商業科	1.03	1.07
国際科	1.85	2.04
科学技術科	1.5	1.38
総合学科	1.13	1.27

都立全体の平均志望倍率も、1・33倍と、これまでの最高値を更新しています。

学科別の平均倍率を前年と比べると、普通科（学年制）男子は、1・35倍と前年より上昇、同女子は、1・43倍と低下しました。女子の低下は、昨年低かった総合学科への移動が原因のようです。

普通科単位制も、1・42倍に低下。推薦入試の変更で、これまで50%だった推薦枠が30%に縮小されたことが大きいようです。

総合学科は2年続いた低下から脱し、国際科（一般生徒）は4年前の1・26倍から、2・04倍へ、連続して上昇しています。

中高一貫校の募集減 周辺校で志望者急増

今年は、都立中高一貫校4校が、高校募集を大幅に減らします（**大泉**、**富士**…3学級減、**南多摩**、**三鷹**…4学級募集停止。合計560名減）。

このため、前年まで4校を志望していた層が、広範囲に移動して、周辺の学校の志望者数が急増しています。前年より増えた順では、①**北園**…166名増（男子85名、女子81名）②**駒場**…135名増（男子86名、女子49名）③**小金井北**…148名増（男子69名、女子79名）④**神代**…121

名増（男子51名、女子70名）⑤**武蔵野北**…86名増（男子53名、女子33名）など。

都では、これを補うために、普通科（学年制）の学校18校で、各1学級（40名）の募集人員増を行います。

上位では、**小山台**、**三田**、**駒場**、**豊多摩**、**竹早**、**文京**、**昭和**、**小平**、**神代**など。いずれも志望者が増えている学校で、募集増が行われたようです。

中高一貫校からの移動で700点台が上昇

左のグラフでは、普通科旧学区の都立高校を、模試の合格基準で5つのレンジに区切り、平均志望倍率の3年推移を調べました。

男子では、最上位（～800）が高く、下方に移るにつれて徐々に低くなっています。今年は最上位、800点台がダウンし、700点台が大幅にアップしています。

一方女子は、600～800点台が平らになっています。また、今年は700点台に膨らみができました。

高校募集減を行う中高一貫校から、多くの志望者が700点台の学校に移動しています。

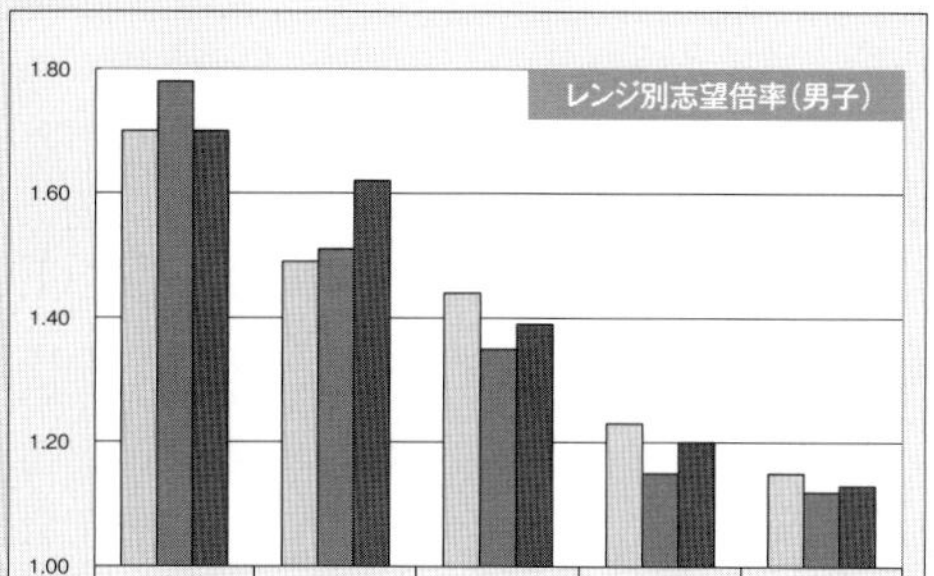

	800	700	600	500	400
11	1.70	1.49	1.44	1.23	1.15
12	1.78	1.51	1.35	1.15	1.12
13	1.70	1.62	1.39	1.20	1.13

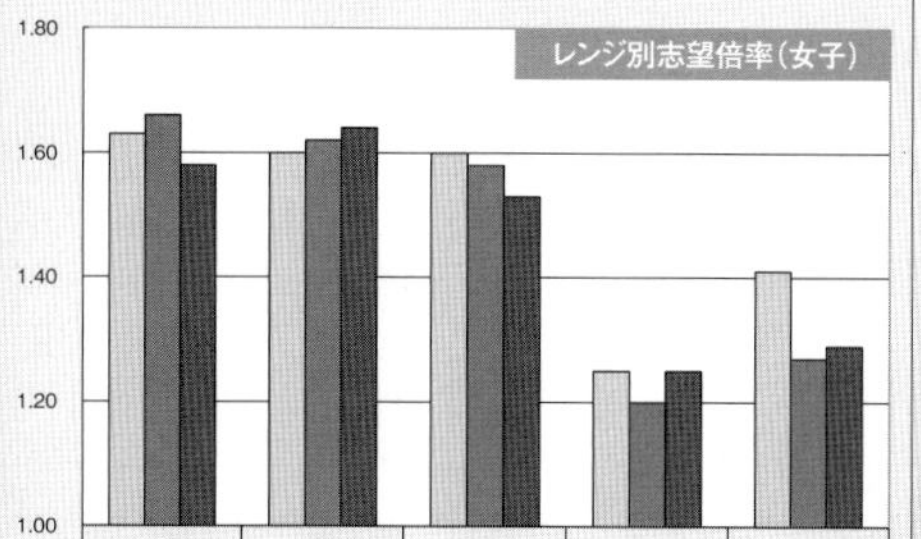

	800	700	600	500	400
11	1.63	1.60	1.60	1.25	1.41
12	1.66	1.62	1.58	1.20	1.27
13	1.58	1.64	1.53	1.25	1.29

新たな指定後の進学指導重点校

進学指導重点校は昨年6月に、2013年度から5年間の新たな指定がありました。

2011年に示した選定基準に照らして更新が認められたのは、**日比谷**、**西**、**国立**、**八王子東**、**戸山**、**立川**の6校で、**青山**は外れました。

ただし、2014年度までは、指定を継続すること、その間、実績の向上が見られれば、正式な指定が受けられることが、特例として認められました。

こうした経緯から、重点校（7校）の志望者の動きが注目されましたが、合計は男女とも、前年よりやや減少しました。しかし、**青山**の男子は、わずかですが増えています。男子では、**西**と**日比谷**が減らしました、**青山**の女子は大幅に減りましたが、**戸山**や**八王子東**、**日比谷**も減っています。

重点校の志望者数の増減は、前年の倍率が高すぎたり、併願する私立の募集人員が減ったりと、学校ごとの事情が優先するようです。

各校の志望者数と志望倍率の推移を見ると、全体の志望者数が減ったからといって、簡単な学校は1つもありません。今年も激戦が繰り広げられることになりそうです。

進学指導特別推進校
進学指導推進校

一方、進学指導特別推進校と推進校の志望者数は、増えています。特別推進校は240名（男子142名、女子98名）増加、推進校は327名（男子44名、女子283名）も増加しました。

学校別に、志望倍率の前年からの推移を見ると、特別推進校では、募集人員を1学級分（40名）増やした**駒場**の男子が、1.97倍→2.25倍と大幅にアップしています。

一方、同じく1学級増の**小山台**は、男女とも大きくダウンしました。新しいVもぎ基準で、**駒場**の方が10点低く変わったことで、**小山台**の志望者が**駒場**に流れたものと思われます。

新宿の志望者数も減りましたが、Vもぎの結果などでは、前年より、学力上位者が厚くなっているようです。**国分寺**も**大泉**の志望者層のうち、上位層が流入しています。

推進校では、**大泉**、**富士**から**国際**、**北園**、**豊多摩**（1学級増）などへ。また、**南多摩**、**三鷹**から、**武蔵野北**、**小金井北**などへ、志望者が移動して、倍率を押し上げています。

また推薦入試では、今春から原則としてすべての学校が「小論文または作文」と「面接・集団討論」を導入します。

志望者の集まり方で見ると、入試方法の変更を理由に、一般入試を避けようとする受検生の動きは、あまり見られないようです。

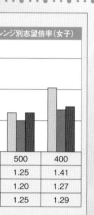

進学指導重点校

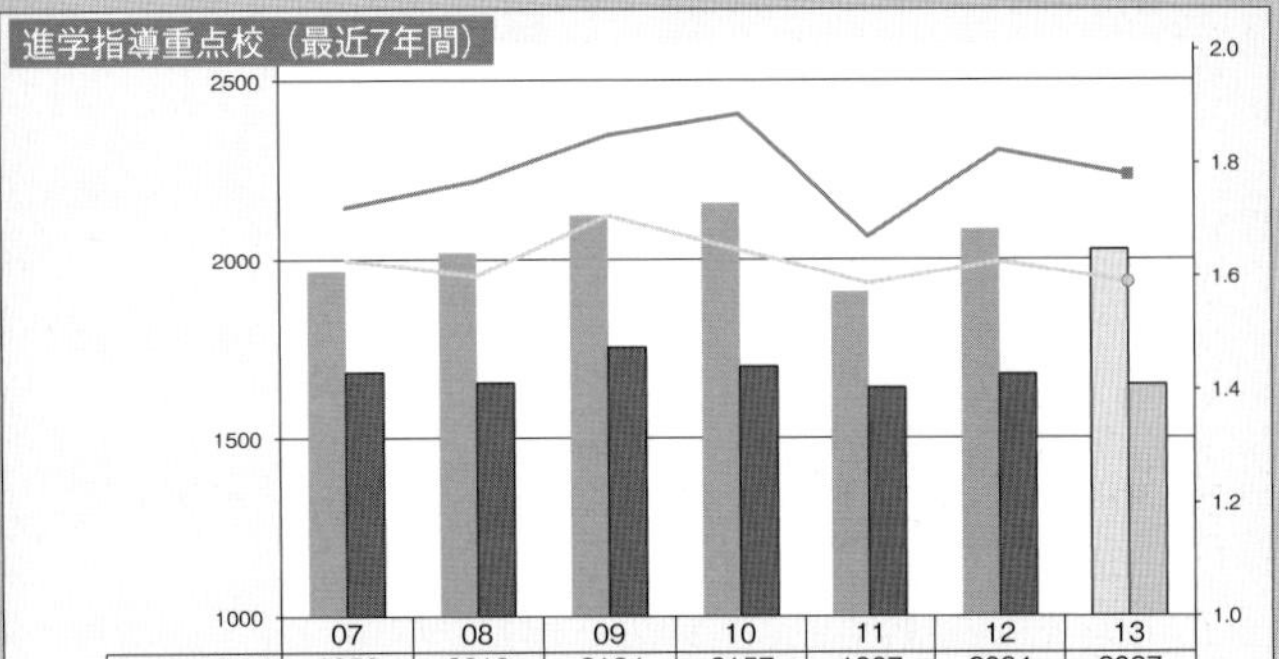

	07	08	09	10	11	12	13
男子 志望者数	1966	2019	2124	2157	1907	2084	2027
女子 志望者数	1683	1654	1753	1699	1640	1677	1648
男子 志望倍率	1.72	1.77	1.85	1.89	1.67	1.82	1.78
女子 志望倍率	1.63	1.60	1.71	1.65	1.59	1.63	1.59

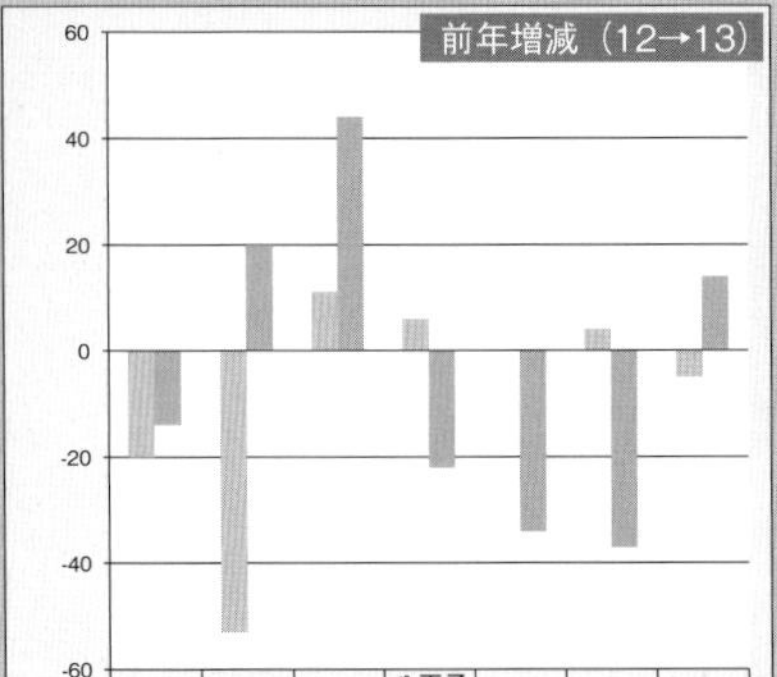

	日比谷	西	国立	八王子東	戸山	青山	立川
男子	-20	-53	11	6	0	4	-5
女子	-14	20	44	-22	-34	-37	14

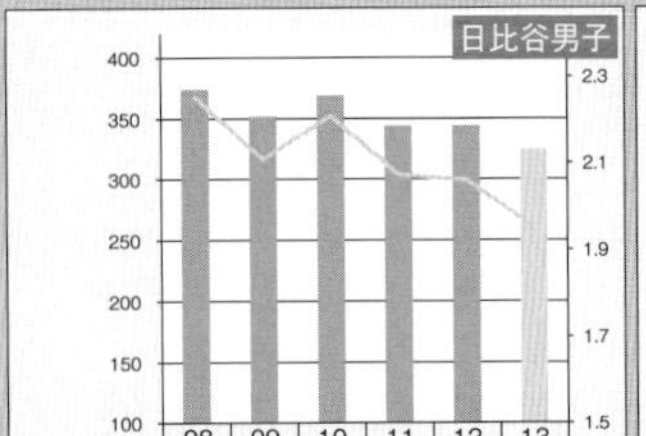

	08	09	10	11	12	13
志望者数	374	352	369	344	344	324
志望倍率	2.25	2.11	2.21	2.07	2.06	1.95

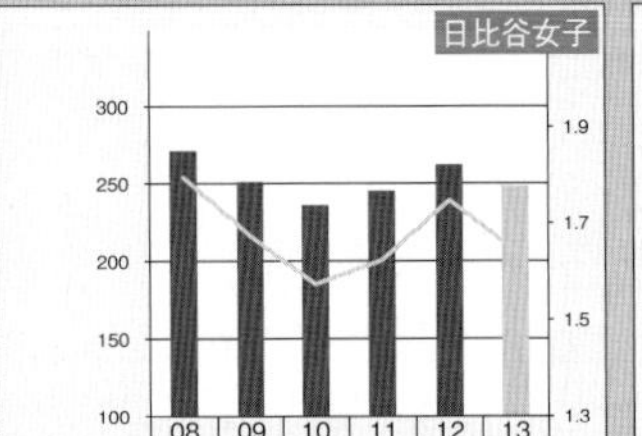

	08	09	10	11	12	13
志望者数	271	251	236	245	262	248
志望倍率	1.79	1.67	1.57	1.62	1.75	1.64

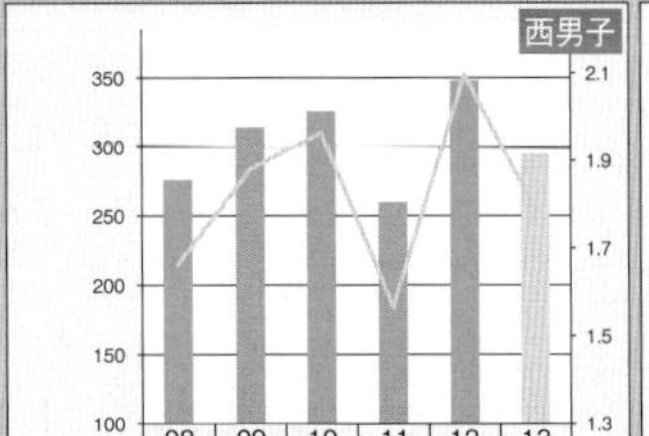

	08	09	10	11	12	13
志望者数	276	314	326	260	348	295
志望倍率	1.66	1.88	1.96	1.57	2.10	1.79

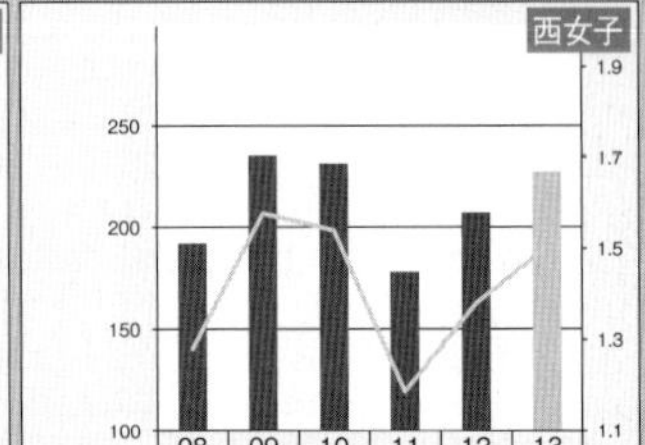

	08	09	10	11	12	13
志望者数	192	235	231	178	207	227
志望倍率	1.28	1.58	1.54	1.19	1.38	1.50

日比谷　志望者数は男女とも前年より減ったが、模試の結果でみると、高レベルの接戦が続くことに変わりはない。【前年の受検倍率は、男子…2.24倍、女子1.69倍。今春の予測は、男子2.21倍、女子1.84倍】

西　男子の志望者が減っているが、模試の結果でみると、平均偏差値は日比谷を超えている。女子は増加基調。【前年の受検倍率は、男子…2.31倍、女子1.56倍。今春の予測は、男子1.91倍、女子1.64倍】

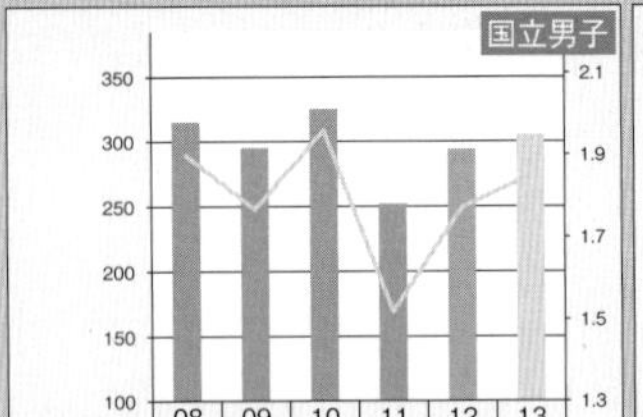

	08	09	10	11	12	13
志望者数	315	295	325	252	294	305
志望倍率	1.90	1.77	1.96	1.52	1.77	1.85

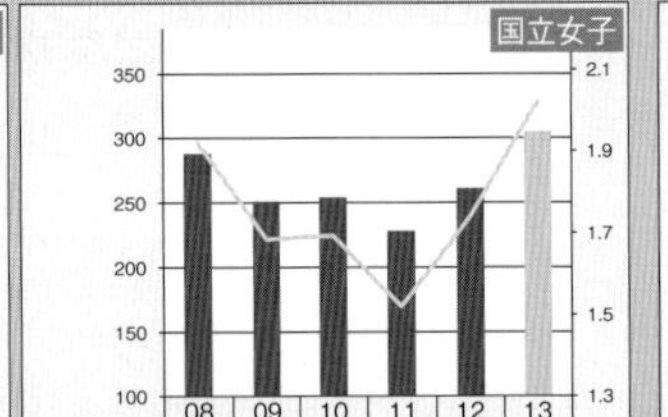

	08	09	10	11	12	13
志望者数	288	251	254	228	261	305
志望倍率	1.92	1.68	1.69	1.52	1.74	2.02

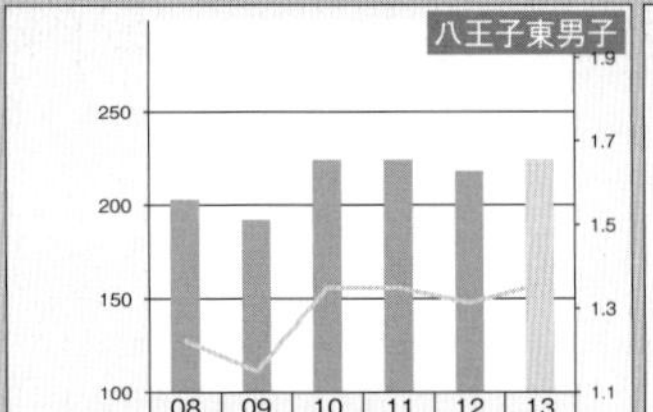

	08	09	10	11	12	13
志望者数	203	192	224	224	218	224
志望倍率	1.22	1.15	1.35	1.35	1.31	1.36

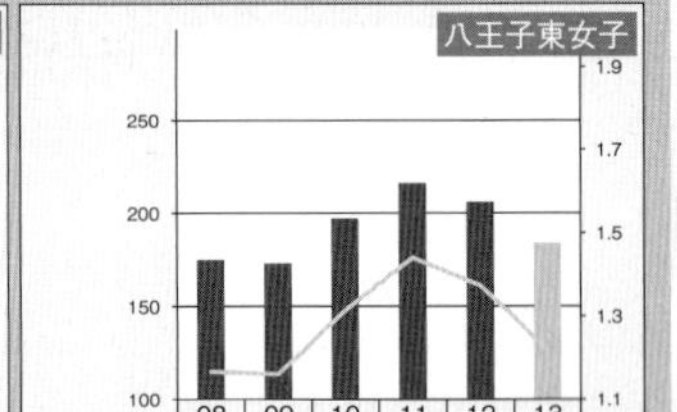

	08	09	10	11	12	13
志望者数	175	173	197	216	206	184
志望倍率	1.17	1.16	1.31	1.44	1.37	1.22

国立　志望者数は男女とも2年連続して増加。とくに女子は40名以上増え、志望倍率が2倍を超えた。女子の不合格者が100名に迫る勢い。【前年の受検倍率は、男子…1.68倍、女子1.63倍。今春の予測は、男子1.76倍、女子1.87倍】

八王子東　男子の志望者数は4年間ほとんど変化がない。低倍率だが人気は根強い。女子が、やや低下傾向。【前年の受検倍率は、男子…1.49倍、女子1.43倍。今春の予測は、男子1.39倍、女子1.33倍】

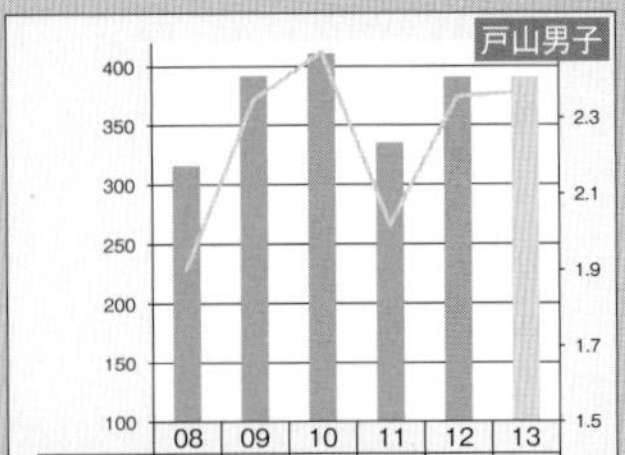

	08	09	10	11	12	13
志望者数	316	392	411	335	391	391
志望倍率	1.90	2.35	2.48	2.02	2.36	2.37

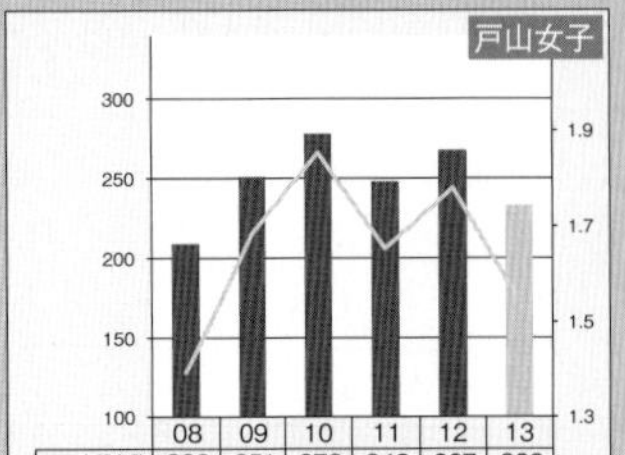

	08	09	10	11	12	13
志望者数	209	251	278	248	267	233
志望倍率	1.39	1.68	1.85	1.65	1.78	1.54

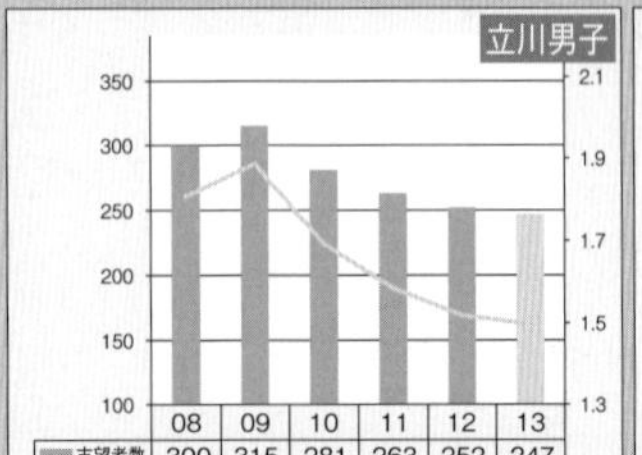

	08	09	10	11	12	13
志望者数	300	315	281	263	252	247
志望倍率	1.81	1.89	1.69	1.58	1.52	1.50

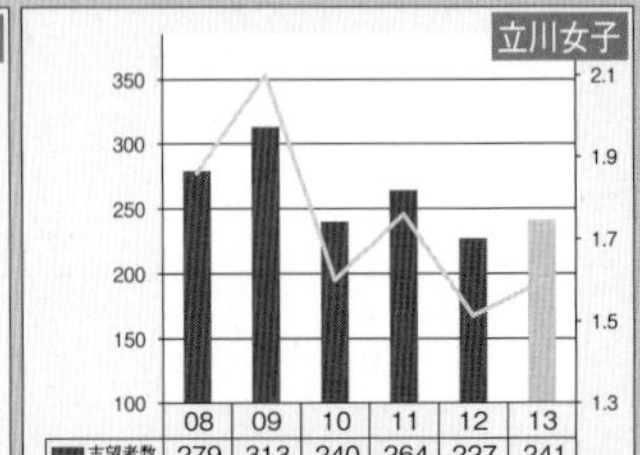

	08	09	10	11	12	13
志望者数	279	313	240	264	227	241
志望倍率	1.86	2.10	1.60	1.76	1.51	1.60

戸山　男子の志望者数は重点校中最多。志望倍率は2年連続して普通科トップ。上位私立併願者など幅広い層が志望。女子は隔年で増減。【前年の受検倍率は、男子…2.43倍、女子1.87倍。今春の予測は、男子2.36倍、女子1.57倍】

立川　男子は4年連続して志望者を減らしているが、志望者の学力レベルは向上している。女子は隔年で増減。【前年の受検倍率は、男子…1.60倍、女子1.85倍。今春の予測は、男子1.55倍、女子1.52倍】

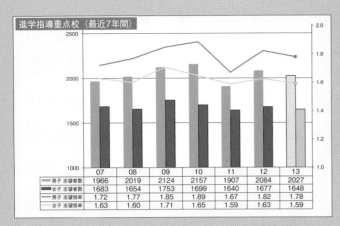

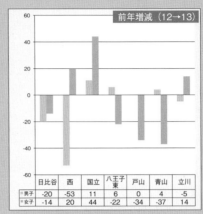

進学指導特別推進校

新宿男女計

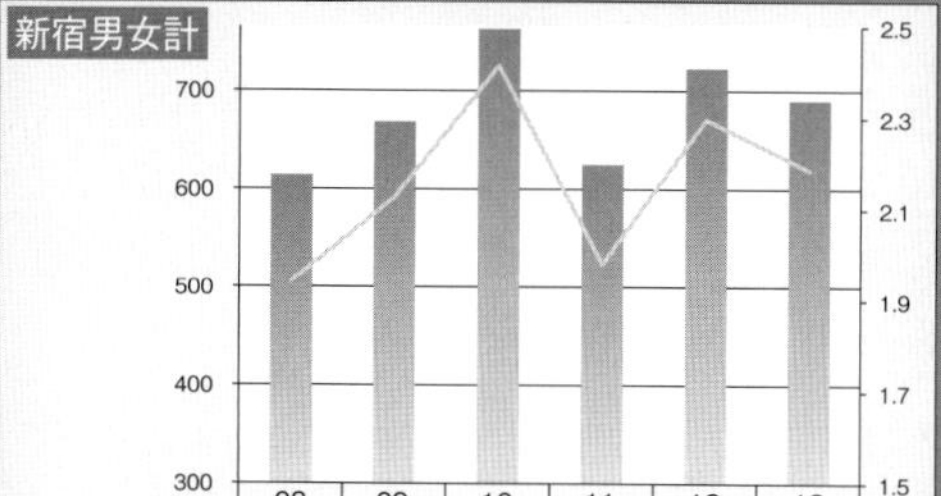

	08	09	10	11	12	13
志望者数	614	672	763	626	726	691
志望倍率	1.94	2.13	2.41	1.98	2.30	2.19

新宿　志望者数（男女計）は前年より減ったが、691名は普通科で最多。志望倍率も2年連続して2倍ラインを超えた。【前年の受検倍率は、2.26倍。今春の予測は、1.96倍】

青山男子

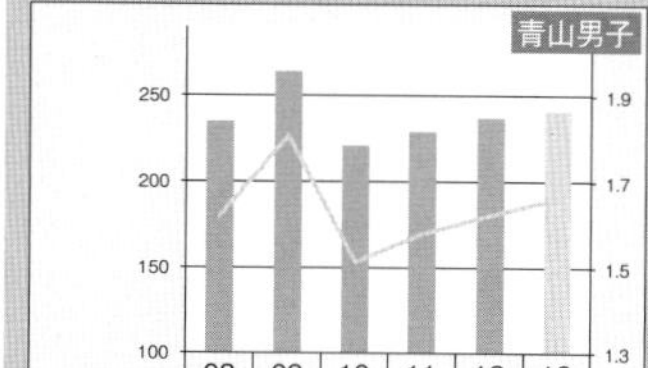

	08	09	10	11	12	13
志望者数	235	264	221	229	237	241
志望倍率	1.62	1.81	1.51	1.58	1.62	1.66

青山女子

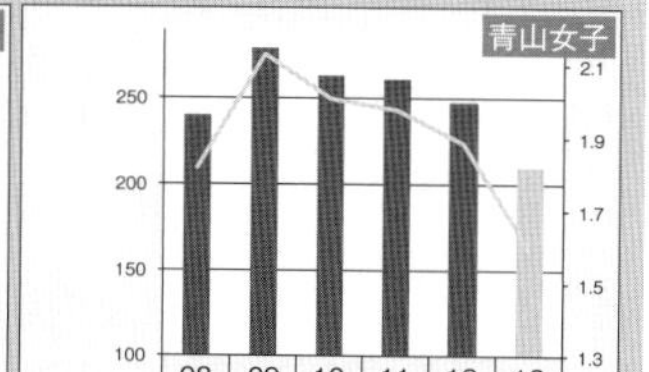

	08	09	10	11	12	13
志望者数	240	279	263	261	247	210
志望倍率	1.82	2.13	2.01	1.98	1.89	1.59

青山　重点校の正式な指定に漏れた形だが、男子は3年連続して増加。逆に女子は4年連続してダウン。【前年の受検倍率は、男子…1.55倍、女子1.78倍。今春の予測は、男子1.56倍、女子1.54倍】

国分寺男女計

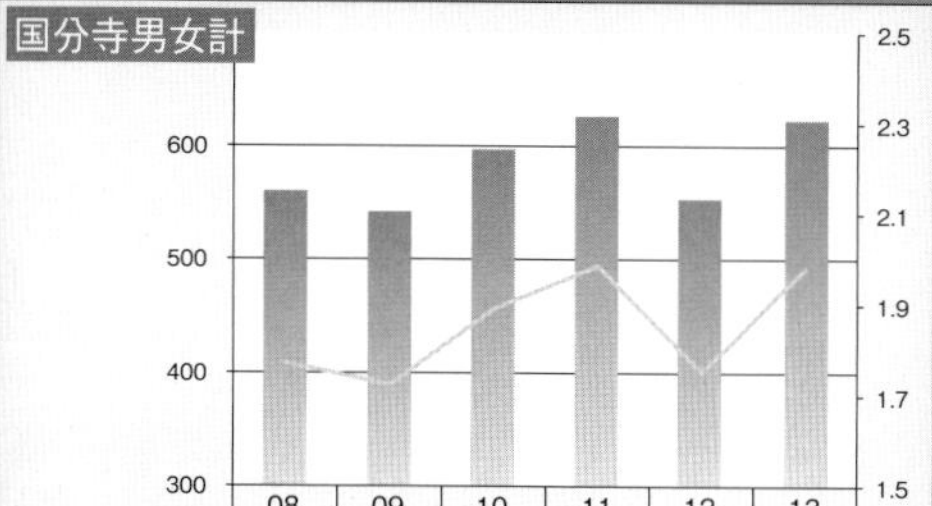

	08	09	10	11	12	13
志望者数	560	545	598	628	554	626
志望倍率	1.77	1.72	1.89	1.99	1.75	1.98

国分寺　昨年志望者数を減らしたが、今年は大泉の募集減が響いて、志望者数は大きく伸びている。【前年の受検倍率は、1.77倍。今春の予測は、2.07倍】

特別推進校合計（最近6年間）

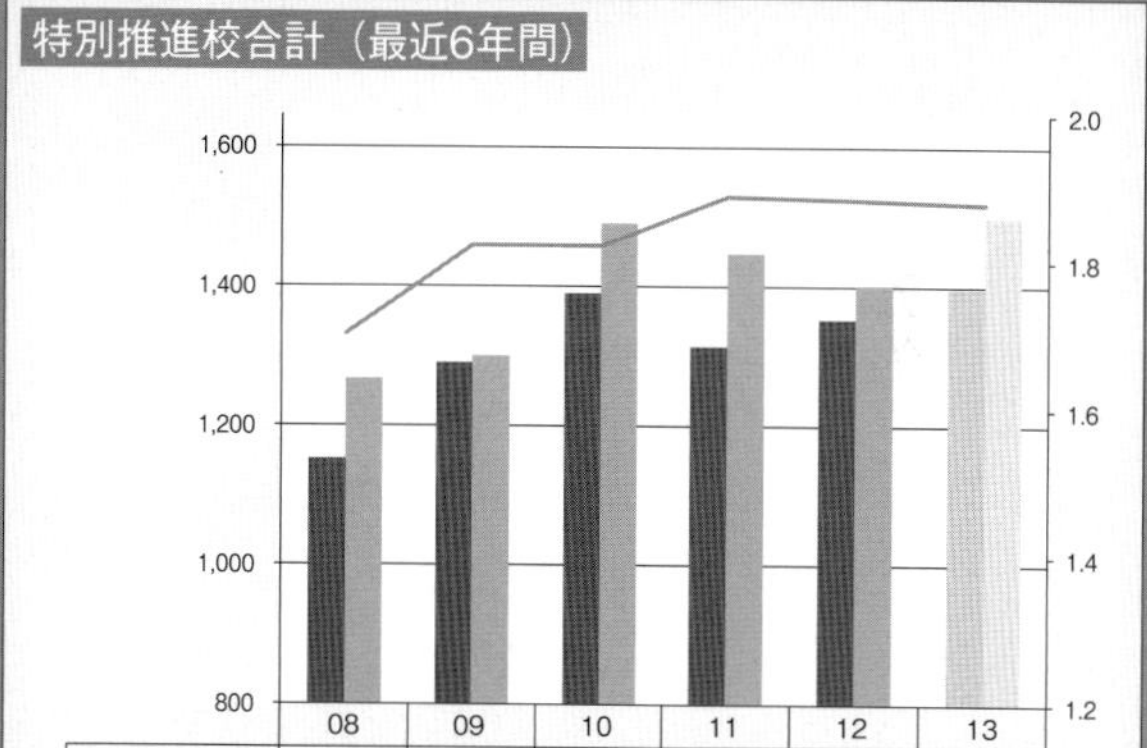

	08	09	10	11	12	13
女子 志望者数	1152	1290	1390	1314	1353	1397
男子 志望者数	1267	1300	1491	1447	1402	1500
特進校 志望倍率	1.70	1.82	1.82	1.89	1.89	1.88

町田男子

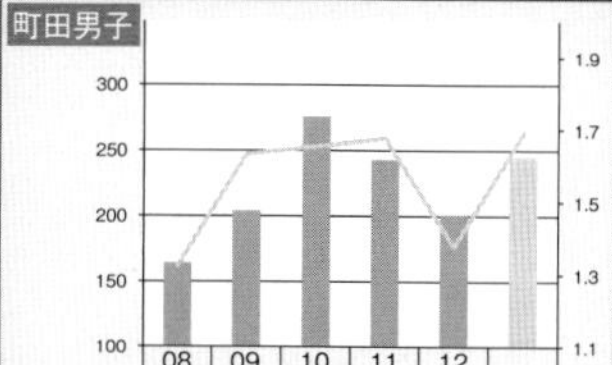

	08	09	10	11	12	13
志望者数	164	204	276	243	201	245
志望倍率	1.32	1.63	1.65	1.68	1.38	1.69

町田女子

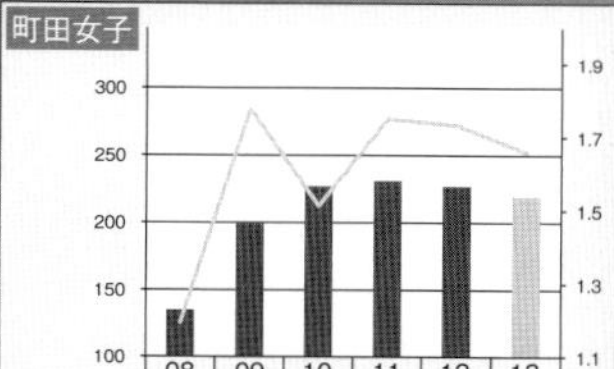

	08	09	10	11	12	13
志望者数	135	199	227	231	227	219
志望倍率	1.19	1.78	1.51	1.75	1.73	1.66

町田　中高一貫校の募集停止の影響で、男子は志望者数が増えたが、女子はやや減っている。学級増は来年以降に持ち越す模様。【前年の受検倍率は、男子…1.44倍、女子1.67倍。今春の予測は、男女ともに1.66倍】

小山台男子

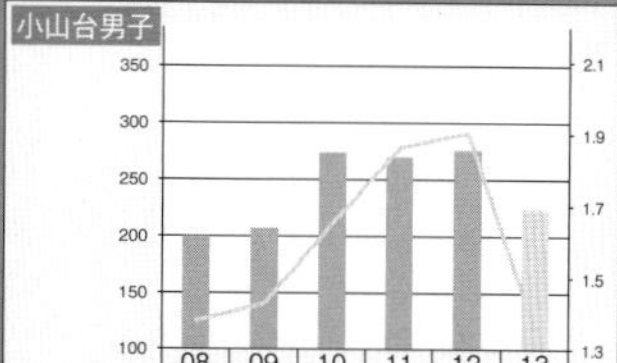

	08	09	10	11	12	13
志望者数	200	207	274	270	276	224
志望倍率	1.38	1.43	1.65	1.86	1.90	1.36

小山台女子

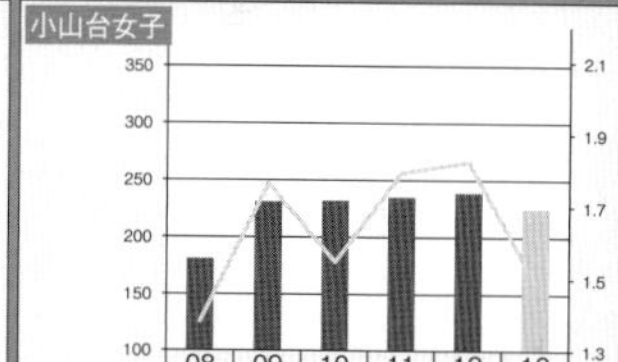

	08	09	10	11	12	13
志望者数	181	231	232	235	239	225
志望倍率	1.38	1.76	1.55	1.79	1.82	1.49

小山台（1学級増）　大学合格実績の低下で男子は基準の低い駒場などへ移動。女子は微減だが、倍率は募集増で大幅ダウン。【前年の受検倍率は、男子…1.80倍、女子2.01倍。今春の予測は、男子1.30倍、女子1.63倍】

進学指導推進校

推進校合計（最近6年間）

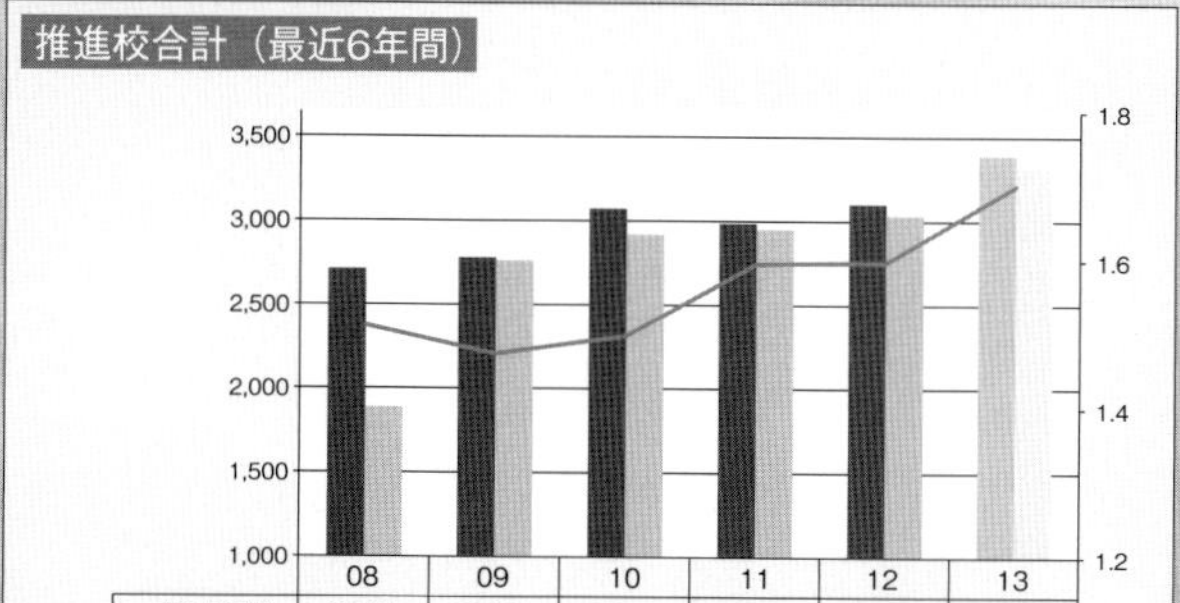

	08	09	10	11	12	13
女子 志望者数	2711	2779	3073	2986	3102	3393
男子 志望者数	1889	2760	2918	2951	3034	3317
推進校 志望倍率	1.51	1.47	1.50	1.60	1.60	1.70

駒場男子

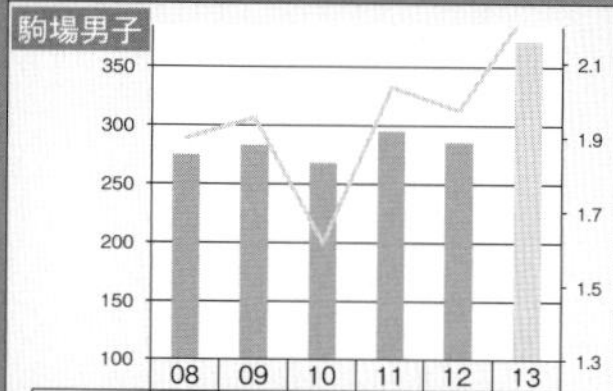

	08	09	10	11	12	13
志望者数	275	283	268	295	286	372
志望倍率	1.90	1.95	1.61	2.03	1.97	2.25

駒場女子

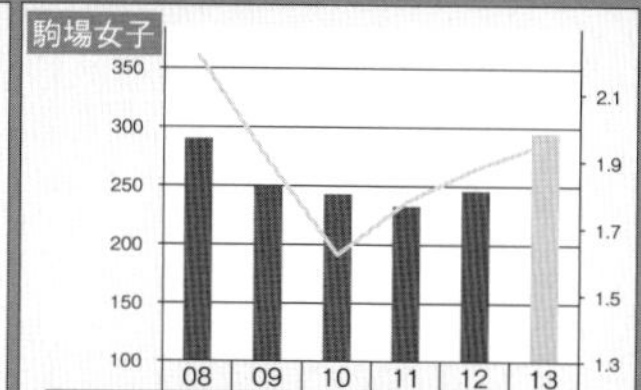

	08	09	10	11	12	13
志望者数	290	249	243	233	246	295
志望倍率	2.21	1.90	1.62	1.78	1.88	1.95

駒場（1学級増）　中高一貫校や小山台からの移動などが重なり、志望者数は前年より男女計で135名も増えた。募集増でも倍率上昇の見込み。【前年の受検倍率は、男子…1.74倍、女子2.01倍。今春の予測は、男子1.30倍、女子1.63倍】

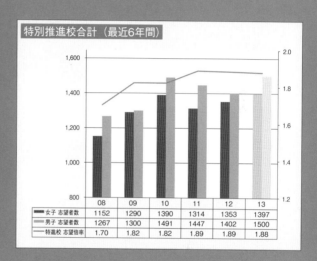

Basic Lecture

高校入試の基礎知識

学校選びの基礎
志望校を決める
そのためのプロセス

中学生になったときから、高校入試はスタートしているといっても過言ではありません。初めはぼんやりとしたものであったとしても、志望校を具体的に選んでいくプロセスは最も大事な部分と言えます。

ここでは、首都圏の高校を志望するみなさんについて、志望校決定に必要なプロセスを述べたいと思います。

学校説明会への参加が学校選びの第1歩

高校の学校説明会は、早いところでは5月のうちから開催されます。そして、夏休みを境に増えていきます。各校とも土日が来るたびなど、多くの日程を組んで「学校説明会」を実施しています。

最近では、公立高校でも夏から秋にかけて最低2回以上は開催され、それ以外に「授業見学」などとともにミニ説明会を実施するところがほとんどになりました。また、公立高校でも後述するような「合同学校説明会」が開催されるようになっています。

中学3年生になったら、志望することになるであろう学校、気になる学校の説明会には必ず行くようにしましょう。

とくに秋以降の学校説明会は、校風を知るだけではなく、推薦基準（私立高校）や入試問題の傾向など、入学試験に直接関係する内容に触れることもありますので、夏休み前に一度訪ねた学校でも、志望校となる学校には、再度足を運ぶことをお勧めします。

また、各校の学校案内（冊子やパンフレット）は、年初に企画され、夏休み前に印刷されているものです。にもかかわらず、入試に関する詳細は、夏休み中、または、夏休み後に決定されることが多いのです。ですから、学校案内を見ているだけではわからないことがたくさんあります。

学校説明会に参加することは、その学校の雰囲気を知るために大きな効果があるとともに、情報収集の柱でもあるのです。

このほか「合同学校説明会」というものもあります。

どこかに会場を設定して、いくつかの学校が合同で、同時に説明会を実施するものです。私立高校が始めた企画でしたが、前述のように最近では公立高校でも、このタイプの説明会が多く実施されるようになって

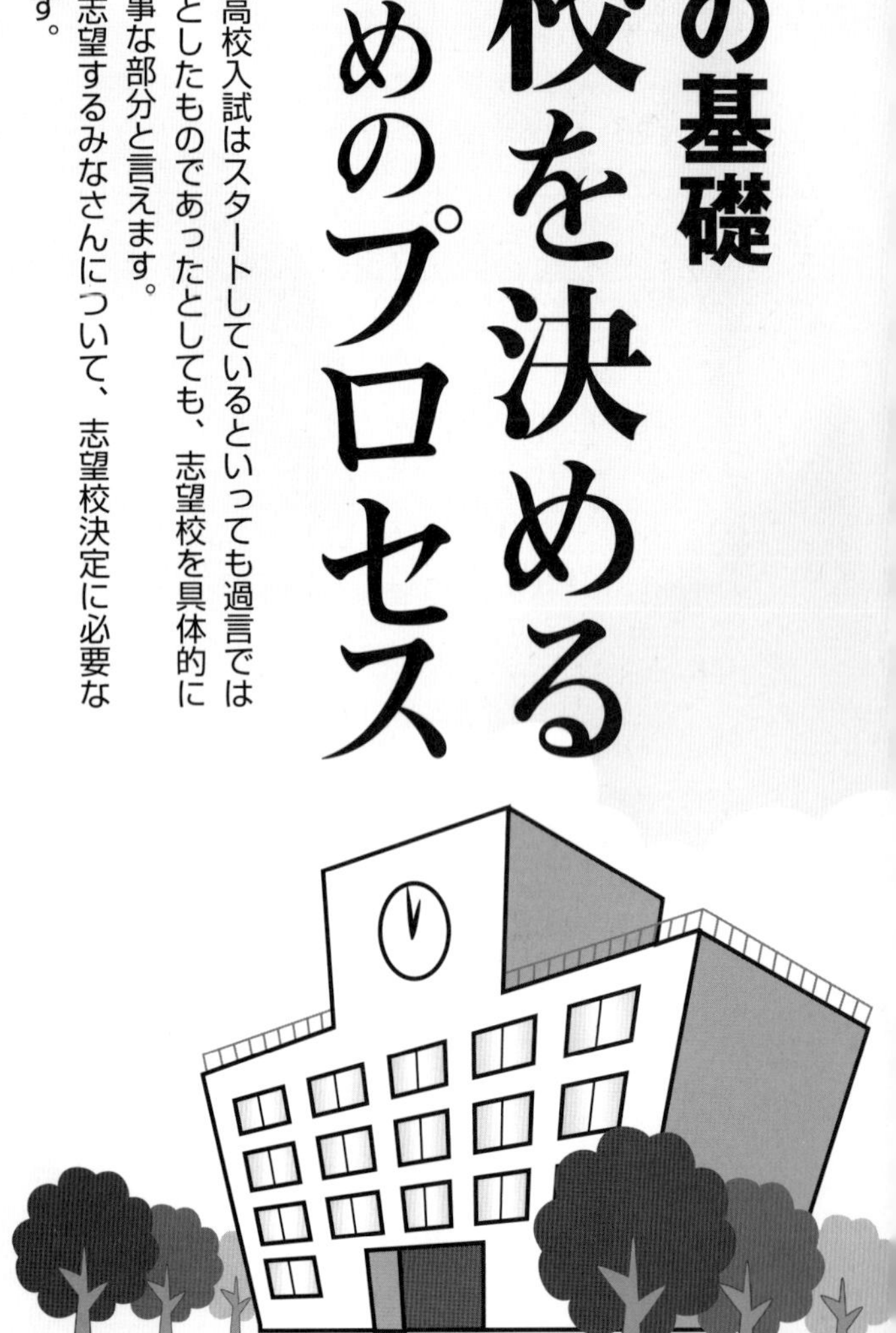

いるだけでなく、私立高校と公立高校が組んだ合同学校説明会も行われています。以前は考えられない企画でした。

このような合同学校説明会では、講演会が併設されていたり、同時に複数の学校の説明を聞くことができ、学校案内も複数校を手に入れることができるなどのメリットがあります。

しかし、実際に志望校に足を運ぶことを上回るものではありません。合同説明会で複数校を知ったとしても、志望校は自分の目で確かめるというスタンスを持ちましょう。

インターネット上では、すべての学校がその学校情報を公開していますが、気をつけなければならない点もあります。

受験が近づいたとき、その学校の応募者情報など、「スピードが命」という情報はインターネットにかなうものはありません。

ただ、ホームページの内容が「学校案内」とほぼ同じ、という学校も多くあります。つまり、本当に知りたい情報はあまり詳しくは掲載されていない学校もあるということです。

インターネット画面で、いくつかの学校を検索しただけで、その学校を「わかった」という気になるのは危険です。入学後に「ミスマッチだった」ということになりかねません。

やはり、自分で学校を訪れて手に入れる情報に勝るものはありません。

インターネットで得た知識をベースに、実際に学校に行って、それを確かめながら真の学校の姿、素顔を見てくるようにしましょう。

「体育祭」「文化祭」に行き学校の雰囲気を知る

「学校の素顔」という話が出ましたが、それに触れることができるのが体育祭や文化祭、合唱祭などの学校行事です。

学校行事を見学することによって、その学校、そして生徒の普段の生き方や様子をとらえることができます。つまり、生徒の活動ぶりと学校の雰囲気を生で感じ取ることができる機会だと言えます。

私立高校はもちろん、公立高校でも、これらを公開行事としていますので、志望校にと考えている学校にはぜひ出かけてみましょう（事前予約制としている学校もあります）。

そこから、生徒たちの姿勢や目の輝き、先生と生徒とのやりとり、上級生と下級生の関係、先生と保護者のやりとりから学校と保護者とのかかわりまでが見えてきます。

そしてそこでは、学校説明会のときとは違う情報も入手することができます。

例えば、学校へのアクセスです。学校説明会は比較的、土曜日の午後に開催されることが多く、電車通学にしろ自転車通学にしろ、ラッシュ時とは異なる時間帯での学校訪問となってしまいます。

文化祭などは土・日開催とはいえ、朝から開催されていますので、通学時間帯に近い時刻に訪問することによって、その時間帯における最寄り駅から学校への通学路の様子などを体験することができます。

ただ、体育祭や合唱祭については学校のグラウンドや講堂で開催されるとは限りません。ホームページなどでよく確認しましょう。

また、「オープンスクール」や「クラブ体験」などと銘打った受験生向け行事も多く開催されています。これらも学校の雰囲気や、先生がた、生徒のみなさんの様子を伺い知ることができる機会です。参加してみましょう（事前予約制としている学校もあります）。

公開の「模擬試験」を受け受験本番の予行演習を

志望校を具体的に選んでいくプロセスとしてもう1つ、「模擬試験」の活用があげられます。

9月から12月にかけて各模擬試験機関による「模擬試験」が行われます。

これには、大きな会場を使用した「会場テスト」と呼ばれるもの、また、通っている塾で受けられるものもあります。

これらの模擬試験を利用することによって、多くの同学年の受験生のなかでの自分の実力、位置を把握することができます。

大きな会場で行われる模擬試験では、見知らぬ受験生と机を並べての受験となり、入試本番と変わらぬ雰囲気のなかでの予行演習ともなります。また、実際の志望校が模擬試験の会場となっている場合もありますので見逃さないようにします。その場合は、早めに申し込むように心がけましょう。

ただ、偏差値を目安に示される

「合格可能性」は、少しからめに出てくるものです。もし、可能性が低めに示されたとしても、がっかりしたり、簡単にあきらめるのではなく、塾の先生ともよく相談して、最後まで挑戦の気持ちを失わないようにしましょう。

また重要なことは、一度の模擬試験では本当の実力は計れないということです。

模擬試験の結果示される偏差値は、どうしても上下します。得意範囲が出題されることもあれば、見たこともない問題に出会うこともあります。ですから、5回、6回と受けて、その平均を自分の実力と考えた方が間違いがないのです。模擬試験は弱点克服の目安ともなります。受ければ上下しながらも偏差値はあがって行きますので粘り強く受け続けましょう。

模擬試験の受け方、偏差値に対する考え方なども、夏以降、このコーナーで扱っていく予定です。

中学校での面談を受けて志望校決定へ

9月末の中間試験が終わると、各中学校で個人面談が始まります。

この個人面談が、志望校・受験校決定のスタートです。個人面談では、まず、「公立志望なのか、私立志望なのか」をはっきりと先生に伝え、3校ぐらいの志望校をあげておきましょう。とくに「自分が行きたい学校」は、明確に伝えてください。

これをスタートに、先生といっしょに考えながら、受験する学校を絞り込んでいきます。

11月の期末試験が終わると、中学3年時の内申がほぼ決まる形となりますので、先生、保護者、受験生本人による「三者面談」が行われます。この三者面談で、受験校の最終確認が行われ、東京、神奈川、千葉の私立高校の場合は、12月のなかば、中学校の先生が、その中学の生徒が志望する各高校に出向いての「入試相談」が行われます。

「入試相談」では、中学校の先生と、その高校の先生が、各生徒の合格可能性について相談します。ここで「出願していいですよ」と言われれば、合格の可能性はかなり高いと言っていいでしょう。

なお、埼玉県では、この「中学校の先生と高校の先生」による「入試相談」は行われていません。埼玉県では受験生・保護者が、学校説明会などで個別に相談することになります。これは「個別相談」と呼ばれています。この場合、模擬試験の結果や、中学校での部活や表彰、検定資格などを持っていきます。

その方法については、塾の先生ともよく相談してください。

私立高校「推薦入試」には推薦基準が発表される

公立高校は、その都県内でほぼ同じ日程で入試が行われます。

東京都立高校は推薦入試（学力検査なし）と一般入試（学力検査）の2回の入試が行われ、3回目のチャンスとして「2次募集」も行われます。千葉、埼玉、神奈川では1回のみの入試となり、いずれも学力検査が行われます。

私立高校は各都県それぞれで入試の開始時期は決まっているものの、各校が入試日程や、入試科目などをそれぞれ独自に決め、発表します。ですから、志望する高校のホームページなどを気をつけて見ておく必要があります。

とくに、私立高校では毎年多くの学校が、細部にわたり変更を行いますので、昨年度の入試要項を見ての判断は禁物です。

都県によって異なりますが、私立高校の入試には、大きく分けて「推薦入試」と「一般入試」があります。

私立高校の「推薦入試」は、公立高校の1回目の入試よりも前に行われます。

私立高校の推薦入試に出願できるためには、各校によって示されている「推薦基準」を満たしていなければなりません。11月ごろまでには、各校が学校説明会や入試要項で「推薦基準」を公表します。

「推薦基準」は、「5教科で合わせて○以上」など、内申点で規定している学校がほとんどです。つまり、中学3年生の2学期の成績が重要になるということです。

ただ、2学期に少し成績が下がった場合や、推薦基準に1、2ポイント不足していたとしても相談してください、と言っている学校がほとんどです。ほかの活動（生徒会活動や部活動、英検などの資格）をプラス材料としてくれる場合もあります。前述した「入試相談」に行っていただく中学校の先生（埼玉の場合は塾の先生）とよく相談してください。

サクセスランキング

Success Ranking

都道府県別！ 中学生の読書率・インターネット利用率ランキング

みなさんは平日にどのくらいの割合で読書やインターネットをしていますか？　今回は、中学生の平日の読書率とインターネット利用率を都道府県別に比べたランキングです。データはどちらも2時間以上続けて行った人の割合を比べています。ともに北海道が1位となっていますが、そこにはどのような理由があるでしょうか。みなさんもランキングを見ながら考えてみてください。

中学生の読書率

（平日2時間以上）

順位	都道府県名	%
1	**北海道**	**6.4**
1	**山梨**	**6.4**
3	岡山	6.1
3	香川	6.1
5	埼玉	5.9
5	東京	5.9
7	千葉	5.8
7	静岡	5.8
7	愛媛	5.8
10	宮城	5.7
10	徳島	5.7
12	岐阜	5.6
12	高知	5.6
14	長野	5.5
14	愛知	5.5
16	神奈川	5.4
16	奈良	5.4
16	広島	5.4
19	岩手	5.3
19	栃木	5.3

中学生のインターネット利用率

（平日2時間以上）

順位	都道府県名	%
1	**北海道**	**30.7**
2	三重	28.4
3	神奈川	27.9
4	新潟	27.2
4	静岡	27.2
6	奈良	27.1
7	和歌山	26.9
8	東京	26.6
9	京都	26.1
9	富山	26.1
11	山梨	26.0
12	岡山	25.8
12	大阪	25.8
14	愛知	25.3
15	千葉	25.2
16	福井	24.8
17	滋賀	24.3
18	宮城	24.2
19	茨城	24.1
19	徳島	24.1

データ：文部科学省 平成24年度 全国学力・学習状況調査

1月号の答えと解説

問題

四字熟語パズル

例にならって、散らばっている漢字を線でつないで、四字熟語を作っていってください。ただし、線はパズル面の点線に沿って引き、同じ線上を２度通ることや、引いた線が交差することもありません。

線でつながれた四字熟語が６つできたら、パズルの完成です。最後に、引いた線が★を通る四字熟語を答えてください。

【例】

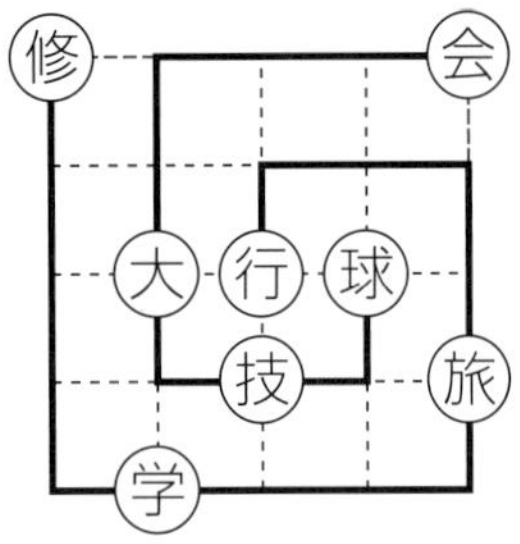

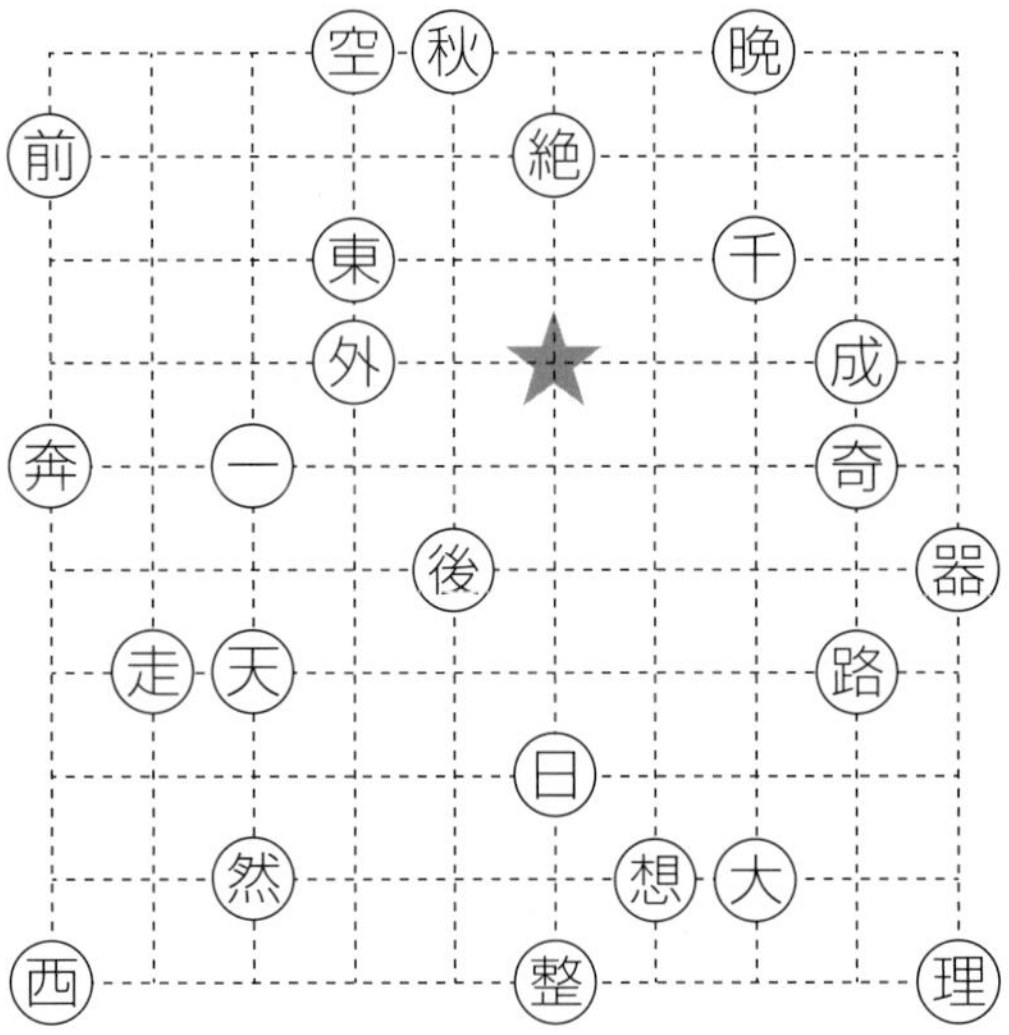

解答　一日千秋

解説

散らばっている漢字を線でつないで四字熟語を作っていくと、右図のように「空前絶後」「一日千秋」「大器晩成」「東奔西走」「奇想天外」「理路整然」の６つができます。このうち、「一日千秋」を結んだ線が★を通ります。

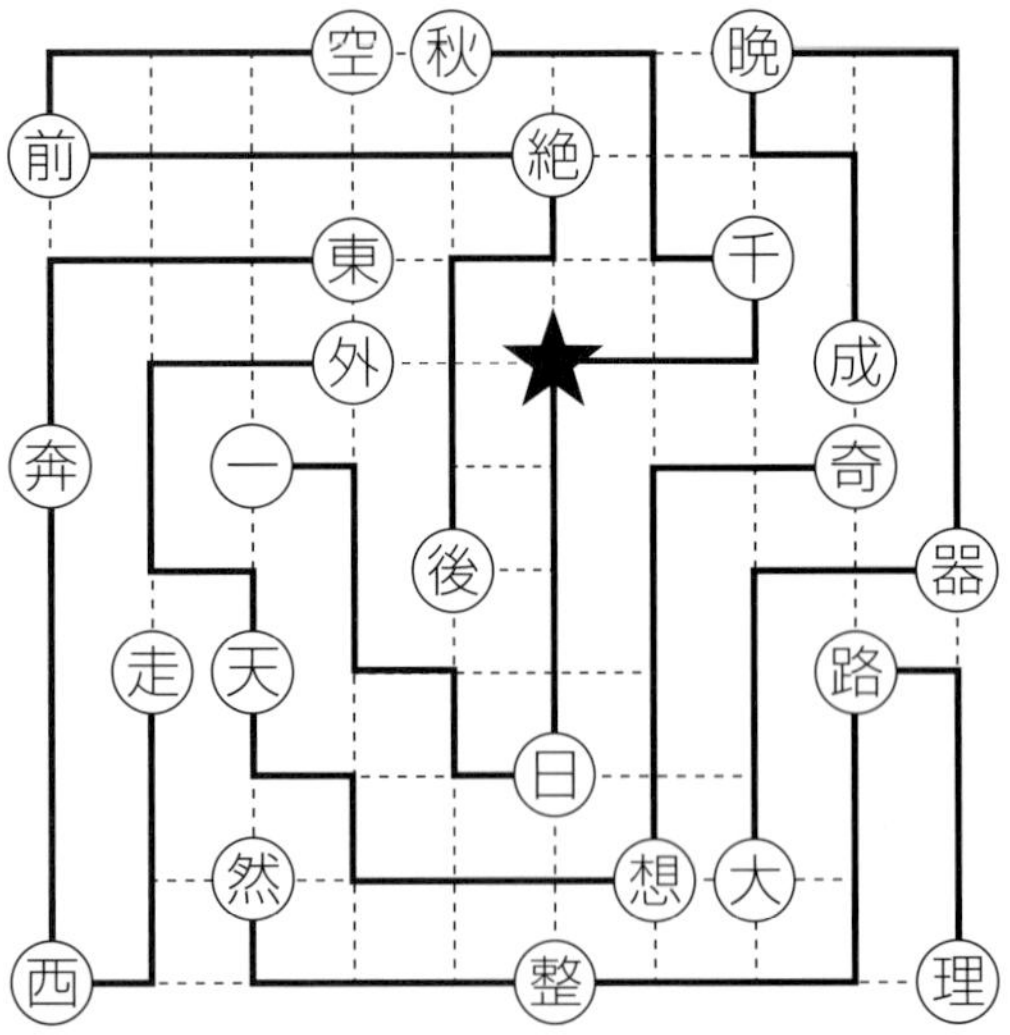

空前絶後…これまでにも例がなく、今後もありそうもないきわめてめずらしいこと。
〔類義〕**前代未聞**

大器晩成…大人物は、立派になるまで時間がかかるということ。

奇想天外…普通では到底思いつかないような、変わった考え。
〔類義〕**斬新奇抜**

東奔西走…ある目的のため、あちこちと忙しく駆け回ること。
〔類義〕**南船北馬**

理路整然…物事や話の筋道が、きちんと通っているさま。

中学生のための学習パズル

今月号の問題

論理パズル

A～Eの5人がマラソン競争をしました。ゴールするまでかかった時間を計った結果、AとBの差が12分、BとCの差が14分、CとDの差が6分、DとEの差が12分、AとEの差が8分でした。

このとき、A～Eの順位として、ありえないものは次のうちどれでしょう。2つ選んで、その記号を答えてください。

ア　Aが1位

イ　Bが2位

ウ　Cが3位

エ　Dが4位

オ　Eが5位

1月号学習パズル当選者

（全正解者88名）

★大野　遥さん（東京都杉並区・中3）
★水谷　優くん（神奈川県相模原市・中3）
★本間　雄貴くん（神奈川県横浜市・中2）

応募方法

●必須記入事項

01　クイズの答え
02　住所
03　氏名（フリガナ）
04　学年
05　年齢
06　右のアンケート解答
「ルーベンス展」「ミュシャ展」（詳細は72ページ）の招待券をご希望のかたは、「●●展招待券希望」と明記してください。

◎すべての項目にお答えのうえ、ご応募ください。
◎ハガキ・ＦＡＸ・e-mailのいずれかでご応募ください。
◎正解者のなかから抽選で３名のかたに図書カードをプレゼントいたします。
◎当選者の発表は本誌2013年5月号誌上の予定です。

●下記のアンケートにお答えください。

A今月号でおもしろかった記事とその理由
B今後、特集してほしい企画
C今後、取りあげてほしい高校など
Dその他、本誌をお読みになっての感想

◆2013年3月15日（当日消印有効）

◆あて先

〒101-0047　東京都千代田区内神田2-4-2
グローバル教育出版　サクセス編集室
FAX：03-5939-6014
e-mail:success15@g-ap.com

私立高校の入試問題に挑戦!!

淑《しゅく》徳《とく》高等学校

東京都板橋区前野町5-14-1

東武東上線「ときわ台」・都営三田線「志村三丁目」徒歩13分

TEL 03-3969-7411

URL http://www.shukutoku.ed.jp/

問題

2本の直線$y=x+2$，$y=-\frac{1}{2}x+3$と，(2，1)を通るもう1本の直線①がある。

次の問いに答えなさい。

(1) 3本の直線が1つの点で交わるとき，直線①の式を求めなさい。

(2) 直線①がx軸に平行なとき，3本の直線で囲まれた面積をS_1，直線①がy軸に平行なとき，3本の直線で囲まれた面積をS_2とする。$S_1:S_2$を最も簡単な整数の比で表しなさい。

解答 (1) $y=-\frac{5}{4}x+\frac{7}{2}$ (2) 25：8

桐《とう》光《こう》学《がく》園《えん》高等学校

神奈川県川崎市麻生区栗木3-12-1

小田急多摩線「栗平」徒歩12分

TEL 044-987-0519

URL http://www.toko.ed.jp/

問題

図で，Aを出発点として次のルールでAにある駒が進んでいくとする。

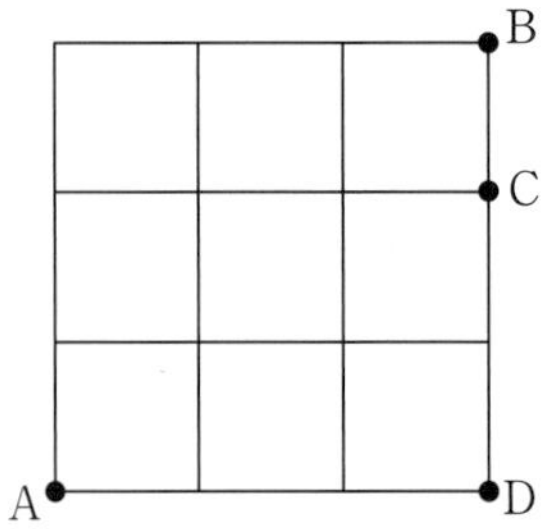

《ルール》

コインを1回投げて表が出れば右へ，裏が出れば上へ，それぞれ1目盛進む。ただし，マスの外に出るときは動かないものとする。

このとき，次の問いに答えなさい。

(1) コインを6回投げたとき，駒がDにいる確率を求めよ。

(2) コインを6回投げたとき，駒がBにいる確率を求めよ。

(3) コインを6回投げたとき，駒がCにいる確率を求めよ。

解答 (1) $\frac{1}{64}$ (2) $\frac{5}{16}$ (3) $\frac{15}{64}$

お便りコーナー

サクセス広場

私のストレス解消法

やっぱり**瓦割り**ですね！　それでも無理なら、ストレスが解消されるまで枚数を増やしますね（笑）。
（中３・マサヒロさん）

家の近所を**デタラメに走ります**。そのうちに頭が空っぽになるので、ストレスも忘れちゃいますよ！
（中３・暴走ランナーさん）

カラオケで自分の好きな曲を大声で歌うとストレス解消になります。歌い終わると、悩んでいたことを解決するパワーが湧いてきます。
（中２・まごさん）

サッカーゲームをします。相手のレベルを下げて、とにかく点を取りまくるとスッキリします。
（中２・燃えるストライカーさん）

広くて景色がいい**海や山などに行く**こと！　太陽の光をたくさん浴びて、きれいな空気を吸えば、元気がみなぎってきます。
（中１・ぽわんさん）

お風呂にゆっくり入るのが好きです。なんにも考えずにボーっと入っていると、汗もかくし、頭もスッキリします。
（中２・デイジーさん）

録画してある**お笑い番組**を見ます。嫌なことがあっても、笑えば吹き飛んで忘れちゃいます。
（中１・キンパチさん）

冬になると食べたくなるもの

水炊き鍋です！　冬になると毎週末の晩ご飯が「鍋」になります。そして次の日の朝はごはんを入れておじやにしたり、うどんを入れたりして食べます。指先まで温まる冬の鍋は最高です！
（中3・冬はおでんより鍋！さん）

たこ焼き！ 熱いのを頑張って食べていると身体が温かくなってきます！
（中1・タコスケさん）

冬と言えば、「**鯛焼き**」です。塾の帰りに食べるアツアツのあんこがたまりません！
（中3・およげたこ焼きさん）

コンビニに行くとどうしても**おでんの玉子**が食べたくなります。そしてあの汁がうまいっ！
（中2・おでんちゃんさん）

おもちです。冬になるとわが家ではガスストーブの上に網を置き、その上でなんでも焼いてしまうという習慣があるので、おもちもストーブの上で焼いて食べます。干しイモやパンなどもストーブで焼きます。
（中1・ハンガリ～さん）

いままでで一番寒かったとき

真冬に北海道旅行に行ったときです。小樽の運河沿いで**雪が真横に降りつけてきて**、「キレイ！」とかまったく思えなかった…。
（中３・ゆきんこさん）

去年の夏に**富士山に登った**のですが、山頂で雨と風がすごくてめっちゃ寒かった！　夏なのにビックリでした！
（中１・アルピニストKさん）

去年の１月、塾の帰り道でいきなり**自転車がパンク**したうえに、**雨が土砂降り**になったことがありました。そのなかを20分かけて帰るのはつらかった！
（中３・ガクブルさん）

お父さんが親戚の前で新年のあいさつをしたときに、**親父ギャグ**を言っておもいっきりすべってました。場が凍り付きそうなくらい寒かったです。
（中３・K2さん）

募集中のテーマ

「感動の友情エピソード」
「無人島に持っていきたいもの」
「パンとごはんどっちが好き？」

応募〆切 2013年3月15日

必須記入事項

A／テーマ、その理由　B／住所　C／氏名
D／学年　E／ご意見、ご感想など

ハガキ、FAX、メールを下記までどしどしお寄せください!
住所・氏名は正しく書いてください!!
ペンネームは氏名のうしろに(　)で書いてネ!
【例】サク山太郎(サクちゃん)

あて先

〒101-0047　東京都千代田区内神田2-4-2
グローバル教育出版　サクセス編集室
FAX:03-5939-6014　e-mail:success15@g-ap.com

ここにメールしてね!!

success15

ケータイから上のQRコードを読み取り、メールすることもできます。

掲載されたかたには抽選で図書カードをお届けします!

掲載にあたり一部文章を整理することもございます。個人情報については、図書カードのお届けにのみ使用し、その他の目的では使用いたしません。

科学 波瀾万丈！おかね道―あなたをうつし出す10の実験

3月9日(土)～6月24日(月)
日本科学未来館

お金に関する 10 の実験で自分のお金の使い方を知る

ないと困り、たくさんあったらいいなと思うのがお金。この企画展では、そんなお金の使い方に現れる自分の意志決定と行動特性を10の実験で明らかにし、人間の性質とお金、そして社会の動きとの関係をひも解いていく。それぞれの実験場では、1.実験、2.実験結果のタネあかし、3.日常や社会への活かし方、という３つのステップでお金に対する自分の行動特性を浮き彫りにしていく。

アート ルーベンス 栄光のアントワープ工房と原点のイタリア

3月9日(土)～4月21日(日)
Bunkamura ザ・ミュージアム

ペーテル・パウル・ルーベンス、《復活のキリスト》、1616年頃、油彩・カンヴァス、183x155cmフィレンツェ、パラティーナ美術館©Gabinetto fotografico della S.S.P.S.A.E e per il Polo Museale della città di Firenze

「ルーベンス」展の招待券を５組10名様にプレゼントします。応募方法は69ページを参照。

世界各地から厳選されたルーベンスの絵画が集結

17世紀のバロック時代に宮廷画家として活躍したペーテル・パウル・ルーベンス。世界各地から集められた多くのルーベンスの作品とともに、さまざまな視点からルーベンスその人と、共同制作を行ったアントワープ工房の芸術活動に迫っていく。

日本ではアニメ「フランダースの犬」でも有名なルーベンス。主人公ネロが憧れ続けたその絵を見るまたとないチャンスだ。

イベント 10,000人の夢王国

2月23日(土)・24日(日)
幕張メッセ 国際展示場ホール５

本物の技術に触れ未来に出会う夢王国

「10,000人の夢王国」のテーマは、日本が世界に誇る「ものづくり」の優れた技術と、その楽しさや素晴らしさを、ブースでの展示と実際の体験を通じて次世代の子供たちに伝えていくこと。会場では、普段見ることのできない「ものづくり」の優れた技を間近に見ることができるブースや、達人に教えてもらいながら「ものづくり」を体験・挑戦できるコーナーなど、イベントが多数用意されている。

サクセス イベント スケジュール 2月～3月

世間で注目のイベントを紹介

立春

二十四節気の１つで、冬至と春分の間の２月４日ごろにあたる。冬と春の間にある「節分」の翌日で、春の初めとされている。旧暦では立春が１年の始まりとされていた。

特別展 グレートジャーニー 人類の旅

3月16日(土)～6月9日(日)
国立科学博物館

©グレートジャーニー 人類の旅

人類の起源をたどる６万年の時空を超えた旅

イギリスの考古学者ブライアン・M・フェイガンが「グレートジャーニー」と名付けた、20万年前にアフリカに生まれた現生人類が６万年前から世界中に拡散していった旅路。そのグレートジャーニーを遡行《そこう》する旅を行った探検家の関野吉晴を監修に、人類拡散の歴史と厳しい環境でたくましく暮らす人々の姿や暮らしを人類学・考古学・民俗学などの学問を越えた多角的な展示内容で紹介する。

アート ミュシャ財団秘蔵 ミュシャ展 パリの夢 モラヴィアの祈り

3月9日(土)～5月19日(日)
森アーツセンターギャラリー

《夢想》
1897年
©Mucha Trust 2013

「ミュシャ展」の招待券を５組10名様にプレゼントします。応募方法は69ページを参照。

240 点以上の作品から迫るミュシャの人間性

19世紀を代表する画家であり、アール・ヌーヴォー様式の巨匠の１人として日本でも幅広い人気を誇るアルフォンス・ミュシャ。1978年の日本初公開以来多くの展覧会が開催されているが、この展覧会では、ミュシャ財団から厳選された240点を超える作品が出品され、ミュシャの芸術家の功績を通して、その作品だけでなく、作家のコンセプトや芸術理念、思想を考察していく。

イベント ふるさとの食 にっぽんの食 全国フェスティバル

3月9(土)・10日(日)NHK放送センター、代々木公園(イベント広場・ケヤキ並木通り)

にっぽんのおいしいものが渋谷に大集結！

全国のおいしいものが大集結する「ふるさとの食 にっぽんの食 全国フェスティバル」。毎年恒例となっている大鍋や、郷土料理のチャリティー販売が行われ、全国の「食」を一堂に紹介する。また、ラジオ番組の公開生放送や、「きょうの料理」講師によるステージ、「ワンワン」キャラクターステージなどのさまざまなイベントも開催予定。チャリティー協力金は全額東北の被災地へ送られる。

ご提案型の教育旅行会社って？

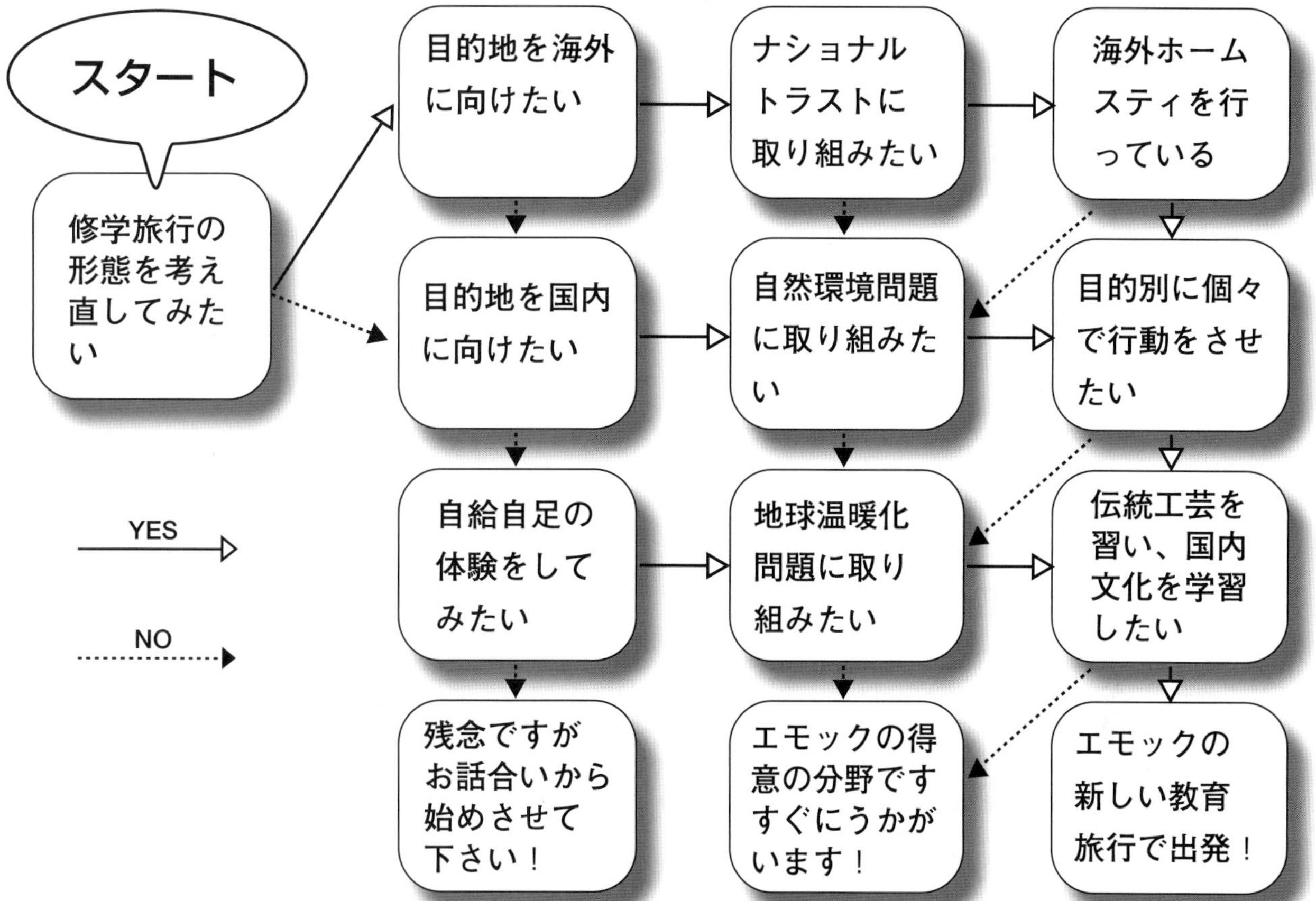
スタート
修学旅行の形態を考え直してみたい
目的地を海外に向けたい
ナショナルトラストに取り組みたい
海外ホームスティを行っている
目的地を国内に向けたい
自然環境問題に取り組みたい
目的別に個々で行動をさせたい
自給自足の体験をしてみたい
地球温暖化問題に取り組みたい
伝統工芸を習い、国内文化を学習したい
YES
NO
残念ですがお話合いから始めさせて下さい！
エモックの得意の分野ですすぐにうかがいます！
エモックの新しい教育旅行で出発！

従来の名所旧跡を訪ねる修学旅行から、最近ではさまざまなテーマを生徒個々または小グループごとにコンセプトメークしひとつの社会貢献の一環として、位置づける学習旅行へと形態移行しつつあります。

小社では国内及び海外の各種特殊業界視察旅行を長年の経験と実績で培い、これらのノウハウを学校教育の現場で取り入れていただき、保護者、先生、生徒と一体化した旅行づくりを行っております。

一例

- ●海、山、川の動物、小動物の生態系研究
- ●春の田植えと秋の収穫体験、自給自足のキャンプ
- ●生ごみ処理、生活廃水、産業廃棄物、地球温暖化などの環境問題研究
- ●ナショナルトラスト（環境保全施設、自然環境、道の駅、ウォーキング）
- ●語学研修（ホームスティ、ドミトリー、チューター付研修）など

～サクセス18のご紹介～

サクセス18は早稲田アカデミーが創った現役生難関大学受験専門塾です。

難関大に現役合格! サクセス18はここが違う!!

サクセス18 ここが違う!

進学塾 早稲アカスタイルの継続

大手予備校にはないキメ細やかさ

　サクセス18は開成・慶女・早慶高校合格者数全国No.1（2012年当社調べ）の進学塾早稲田アカデミーの大学受験部門です。「本気でやる子を育てる」という教育理念に基づき、「私語のない緊張感のある授業」「少人数制で発問重視の授業スタイル」「復習型の丁寧な講義」など早稲田アカデミーが創立以来進学実績を伸ばし続けてきたエッセンスを継承しています。更に少人数クラスのライブ授業で競争原理の働く環境を維持しながら、現役高校生に特化したきめ細やかな指導で「普通の学力の生徒」を憧れの難関大学現役合格へと導きます。

	早稲田アカデミー サクセス18	他の塾・予備校
トップレベルの合格実績の伸び	開成高校の合格者数5名から全国No.1の88名（定員100名）まで伸ばした早稲田アカデミーは、大学入試でも合格実績を伸ばし続けています。東大・早慶上智大の合格者数の伸び率は業界トップレベルです。また現高3生の成績も良好で、今後の入試においても大幅な躍進が期待できます。	少子化とそれに伴う浪人生の減少により、多くの塾や予備校が難関大への合格実績において伸び悩んでいるのが現状。成績を上げるノウハウを持つところとそうでないところとの格差が大きい。
少人数制クラス	1クラス15名程度の少人数制。きめ細やかな個別対応が可能です。さらに学力別・志望校別クラス編成で同じ目標を持つ友人たちと競い合いながら学力を高めます。	1クラス30名～80名と大規模クラス。生徒一人ひとりの学力把握は難しい。
対話・発問重視の緊張感のある授業	講義と同時に生徒一人ひとりの反応や理解度に細心の注意をはらう対話・発問重視の緊張感のある授業。講義と実践演習の複合授業。	予習を前提とした解説型の授業が多く、授業中の質問などは難しい場合が多い。積極的な生徒でなければ授業後の質問もしづらい。
充実した定期試験対策	塾生は土曜・日曜に開催する定期試験対策授業と、平日開催のトレーニング型個別指導"F.I.T."を無料で受講できます。完全に個別の対応が可能です。	多くの大学受験予備校は学校の定期試験対策までは行わない。定期試験対策を行っているところも特定の高校に偏るなど在籍する生徒すべてには対応できていない。
授業担当による進路指導	生徒を実際に教えている講師が面談も担当します。数値データとあわせて生徒の個性を把握した最適な指導が行えます。	授業を担当しないカウンセラーが模試データにもとづいてアドバイスするのみ。

サクセス18 ここが違う!

高1からはじめれば早慶上智大合格へ!

早稲田アカデミーなら夢がかなう!

　やる気を引き出す授業、夢を同じくする仲間と競い合いお互いを高める環境、全スタッフが生徒一人ひとりの個性を理解し、適切な学習法をアドバイスする指導。早稲田アカデミーなら、このシステムがあるから、**始めたときには東大や早慶上智大は夢や憧れでしかない学力でも大きく伸びて第一志望に現役合格**できるのです。

サクセス18 ここが違う!

東大、そして早慶上智大へ高い合格実績

2012年度 大学入試実績

東京大学67名合格!（文Ⅰ13名・理Ⅲ4名含む）

早慶上智大403名合格!

GMARCH理科大506名合格!

在籍 約1100名からの実績

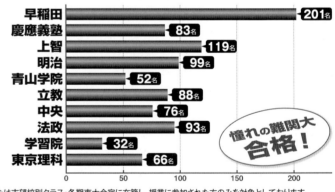

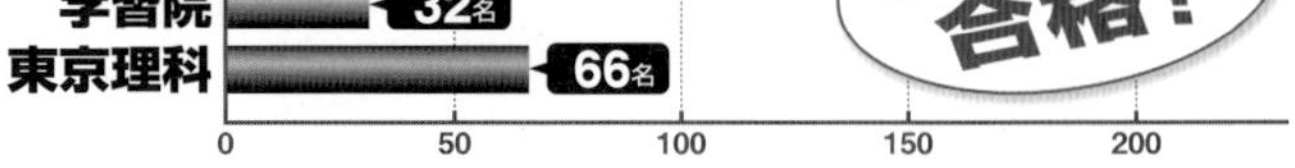

※模試受験のみの生徒は一切含まれていません。早稲田アカデミーの平常授業または志望校別クラス・冬期東大合宿に在籍し、授業に参加された方のみを対象としております。

サクセス18 ここが違う!

トレーニング個別指導F.I.T.（フィット）

君の目的に合った教材で学習し、スタッフに自由に質問できる!!

一人ひとりに合わせた個別トレーニングF.I.T.（フィット）
君の目標に合わせたカリキュラムで君の時間に合わせて学習できる!

　F. I. T.は、演習トレーニングと個別指導を組み合わせたサクセス18の学力向上プログラムです。都合の良い時間を選んで、演習とアシストスタッフによる個別指導が受講できます。クラス授業の開始前の時間で学校の復習をしたり、定期テストの直前の演習をしたりとスケジュール・カリキュラムは自由自在。

学校の定期試験範囲に合わせた演習 ＋ 塾の授業の類題演習で得点力をアップ ＋ 倫理、政経、地学などのセンター試験対策 ▶ 君だけにぴったり合わせたタイムリーな演習

塾生はすべて 無料

大学受験も 早稲田アカデミー SUCCESS18

中3生 必見!!

難関大受験のスタートは
早稲田アカデミー 現役生難関大受験専門塾サクセスエイティーン SUCCESS18で

新高1春期講習会 無料

さあ、4月からは憧れの高校1年生。

期間				
第1ターム	3/1(金)▸3/21(木)		第3ターム	3/26(火)▸3/29(金)
第2ターム	3/22(金)▸3/25(月)		第4ターム	3/31(日)▸4/3(水)

※第1タームは、校舎によって授業実施日が異なります。

最大24時間の講習会が無料で受講できます

早稲田アカデミーの大学受験部門であるサクセス18では、「私語の無い緊張感のある授業」「少人数制で発問重視の授業スタイル」「復習型の丁寧な講義」など、**早稲アカ伝統のスタイル**で、高校生のみなさんを強力にバックアップします。これから高校生になるみなさんがスムーズに高校生活のスタートを切ることが出来るように、サクセス18では**最大24時間を無料で受講できる春期講習会**をご用意しています。進度の速い高校のカリキュラムをきちんと理解しながら学習を進めていくためにも、早稲田アカデミーサクセス18で一足早いスタートを切りましょう。

難関大学合格のカギは高1からスタート!

高1で学習することが高2、高3でさらに発展していきます。扱う内容も中学の時よりも深く掘り下げて学び、「暗記ではなく思考」を重視した学習に変化していきます。さらに、高校は同じ入学試験を合格した同レベルの仲間達とのハイレベルな争いです。となれば、「先んずれば人を制す」です。春休みという高校入学前の大切な準備期間を利用して、ライバルよりも一歩リードしよう。

高1からの在籍で偏差値65以上の 早慶上智大 合格者の55%は高校1年生のときには偏差値40～50台だった。

高1から通って夢がかなった!

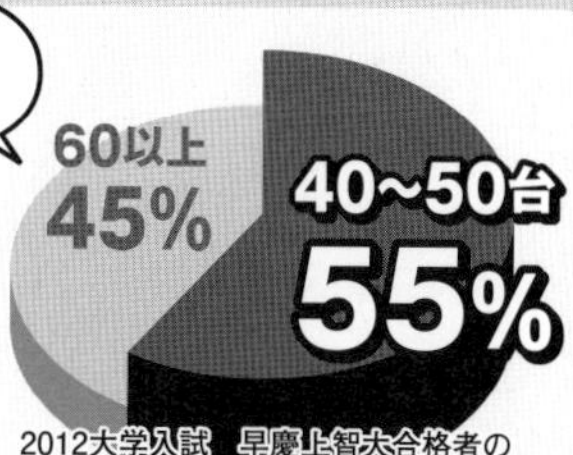

2012大学入試　早慶上智大合格者の高1生シニアテスト(英・数・国)偏差値より

新規開校　御茶ノ水校 ………03-5259-0361　**新入生受付中**

本気、現役合格 早稲田アカデミー 現役生難関大受験専門塾サクセスエイティーン SUCCESS18

教務部高校課

〒171-0014　東京都豊島区池袋2-53-7

☎03(5954)3581(代)

早稲田アカデミー [検索]

「高校生コース」をクリック!

http://www.waseda-ac.co.jp

池袋校	03(3986)7891(代)
御茶ノ水校	03(5259)0361(代)
渋谷校	03(3406)6251(代)
大泉学園校	03(5905)1911(代)
荻窪校	03(3391)2011(代)
国分寺校	042(328)1941(代)
調布校	042(482)0521(代)
新百合ヶ丘校	044(951)0511(代)
宮崎台校	044(855)4481(代)
大宮校	048(641)4311(代)
所沢校	04(2926)2811(代)
志木校	048(476)4901(代)

医学部へ一人ひとりをナビゲート!

医学部受験の全てがわかる1日!

医歯薬大進学ガイダンス

参加無料

受験のプロに悩みを直接相談!

予約受付 受験相談コーナー

例年、ご好評を頂いている受験相談コーナー。入試を知りつくした野田クルゼの教務スタッフが医歯薬系大学の受験対策、推薦入試対策など、様々なご相談に応じます。
クルゼならではの豊富な資料で、志望校選びや具体的な対策方法などをアドバイスします。

＊ご希望の日時をお申し込み時にお知らせください。なるべくご希望のお時間内でご相談いただけますよう調整させていただきます。人数の都合上、ご希望に添えないこともございます。あらかじめご了承ください。

※保護者のみのご参加、高等学校の進路指導担当教員の方のご参加も歓迎いたします。

入試に直結のテーマをより深く!

小論文対策コーナー

推薦入試受験予定者必須の対策講座!

推薦入試説明コーナー

現役医歯薬大生の生の声を聞いてみよう!

卒業生コーナー

エキスパート講師が最新入試問題を解説!

入試問題分析コーナー

無料進呈!! 面接情報満載!! 医系大入試の全てがわかる「ガイダンスブック」

受験生から直接ヒアリングし、各大学の入試実態を詳細にまとめた、受験対策資料集「医歯薬系入試ガイダンスブック」を無料で進呈いたします。
野田クルゼの受講生のみに配布されている非売品です。

開催日程（時間内入退場自由）

日時 3/10(日) 13:00~17:00

会場 東京グリーンパレス
〒102-0084 東京都千代田区
二番町二番地
お問い合わせは、野田クルゼ本校まで
TEL:03-3233-7311

あなたに最適な合格アドバイス!

個別カウンセリング／実力判定テスト

参加無料　完全予約制

1 お問い合わせ

まずは電話にてお問いあわせ頂くか、直接野田クルゼ現役校までご来校ください。

2 実力判定テスト

正確に学力を把握し成績分析のため、英語、数学の各45分のテストを行います。

3 個別カウンセリング

テスト終了後引き続きカウンセリングをお来ない、合格へ向けたアドバスをします。

4 体験授業

君のレベルに合った医学部対策がスタート!

開催日程

2/17(日)・2/23(土)
3/3(日)・3/9(土)・3/16(土)・3/20(水)
場所▶野田クルゼ現役校

実力判定テスト（英語・数学）	個別カウンセリング
13:15~14:45	15:00~
14:15~15:45	16:00~
15:15~16:45	17:00~
16:15~17:45	18:00~

医学部専門授業を体験したい君は!

新高2/新高3体験授業 無料

最大9時間の**無料**体験授業を受講してから、入塾を決めてください。

現在の高1･高2生が受講している実際の授業を体験することができます。ぜひ授業のスピード、クラスの雰囲気、校舎環境などを直接ご覧ください。体験授業を希望される方は、「野田クルゼ現役校」まで、直接お電話にてお問い合わせください。

2/12(火)~2/28(木)　英語･数学･化学･生物･物理

春から医学部受験対策をスタートしてライバルに差をつけよう!

新高１春期講習 無料

最大24時間の**無料**春期講習を受講してから、入塾を決めてください。

医学部へ合格するためには、全ての入試科目において圧倒的な学力が絶対に必要です。新学期から理想的なスタートを切るためにも春期講習から確実な医学部専用の学習方式を習得して合格までの最短距離を進みましょう。

3/22(金) ~ 4/3(水)　英語・数学

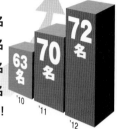

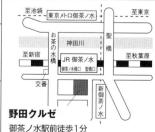

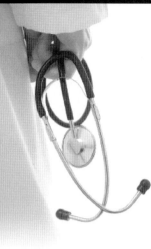

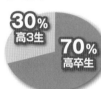

Success15 Back Number

New

2013 2月号

これで安心
受験直前マニュアル
知っておきたい2013こんな年！

SCHOOL EXPRESS
城北埼玉

Focus on
神奈川県立横浜緑ヶ丘

2013 1月号

冬休みにやろう！
過去問活用術
お守りに関する深イイ話

SCHOOL EXPRESS
中央大学

Focus on
埼玉県立越谷北

2012 12月号

大学キャンパスツアー特集
憧れの大学を見に行こう！
高校生になったら留学しよう

SCHOOL EXPRESS
筑波大学附属駒場

Focus on
東京都立青山

2012 11月号

効果的に憶えるための
9つのアドバイス
特色ある学校行事

SCHOOL EXPRESS
成城

Focus on
神奈川県立柏陽

2012 10月号

専門学科で深く学ぼう
数学オリンピックに挑戦!!

SCHOOL EXPRESS
日本大学第二

Focus on
東京都立両国

2012 9月号

まだ間に合うぞ!!
本気の2学期!!
都県別運動部強豪校!!

SCHOOL EXPRESS
巣鴨

Focus on
千葉県立佐倉

2012 8月号

夏にまとめて理科と社会
入試によく出る著者別読書案内

SCHOOL EXPRESS
國學院大學久我山

Focus on
東京都立西

2012 7月号

高校入試の疑問点15
熱いぜ！　体育祭！

SCHOOL EXPRESS
開智

Focus on
神奈川県立湘南

2012 6月号

難関校・公立校の
入試問題分析2012
やる気がUPする文房具

SCHOOL EXPRESS
専修大学松戸

Focus on
埼玉県立川越

2012 5月号

先輩に聞く
難関校合格のヒミツ!!
「学校クイズ」に挑戦!!

SCHOOL EXPRESS
筑波大学附属

Focus on
東京都立小山台

2012 4月号

私立の雄 慶應を知ろう！
四字熟語・ことわざ・
故事成語

SCHOOL EXPRESS
本郷

Focus on
千葉県立千葉東

2012 3月号

いざっ！ 都の西北早稲田へ
勉強が楽しくなる雑学
【理科編】

SCHOOL EXPRESS
豊島岡女子学園

Focus on
東京都立三田

2012 2月号

入試直前対策特集
受験生に贈る名言集

SCHOOL EXPRESS
春日部共栄

Focus on
千葉市立稲毛

2012 1月号

中3生向け冬休みの勉強法
東大生に聞く
入試直前の過ごし方

SCHOOL EXPRESS
法政大学

Focus on
神奈川県立多摩

2011 12月号

よくわかる推薦入試
見て触って学べる
施設特集！

SCHOOL EXPRESS
中央大学横浜山手

Focus on
埼玉県立大宮

2011 11月号

苦手克服！
図形問題をやっつけよう
集中力アップ法！

SCHOOL EXPRESS
江戸川学園取手

Focus on
東京都立新宿

2011 10月号

国語・長文読解
記述問題対策法
文学を勉強しよう！

SCHOOL EXPRESS
お茶の水女子大学附属

Focus on
千葉県立船橋

これより前のバックナンバーはホームページでご覧いただけます（http://success.waseda-ac.net/）

サクセス15 バックナンバー 好評発売中！

How to order バックナンバーのお求めは

バックナンバーのご注文は電話・FAX・ホームページにてお受けしております。詳しくは80ページの「information」をご覧ください。

＜コーナー名＞

＜本文中記事＞

編集後記

受験もいよいよ佳境に入りました。これから試験を控えているみなさんは、日々緊張や不安と闘っているのではないかと思います。

試験当日、緊張はつきものですが、そんなときはあえてニッコリと笑顔を作ってみることをおすすめします。

笑顔には、ストレスを解消してリラックスした気持ちになる効果や、ポジティブな気分になる効果があります。朝、家を出るときなど笑顔を作ってみてください。そして明るい気持ちで、いままでたくさん努力してきた自分を最後まで信じましょう。

受験が終われば、楽しいことや新生活がみなさんを待っています。

(N)

Information

『サクセス15』は全国の書店にてお買い求めいただけますが、万が一、書店店頭に見当たらない場合は、書店にてご注文いただくか、弊社販売部、もしくはホームページ(下記)よりご注文ください。送料弊社負担にてお送りします。

定期購読をご希望いただく場合も、上記と同様の方法でご連絡ください。

Opinion, Impression & etc

本誌をお読みになられてのご感想・ご意見・ご提言などがありましたら、ぜひ当編集室までお声をお寄せください。また、「こんな記事が読みたい」というご要望や、「こういうときはどうしたらいいの」といったご質問などもお待ちしております。今後の参考にさせていただきますので、よろしくお願いいたします。

サクセス編集室
TEL 03-5939-7928
FAX 03-5939-6014

高校受験ガイドブック2013 3 サクセス15

発行 2013年2月15日 初版第一刷発行
発行所 株式会社グローバル教育出版
〒101-0047 東京都千代田区内神田2-4-2
TEL 03-3253-5944
FAX 03-3253-5945
http://success.waseda-ac.net
e-mail success15@g-ap.com
郵便振替 00130-3-779535
編集 サクセス編集室
編集協力 株式会社 早稲田アカデミー

Success15

3月号

Next Issue

4月号は…

Special 1

早稲田・慶應義塾特集

Special 2

学校クイズ

School Express

東邦大学付属東邦高等学校

Focus on

千葉市立千葉高等学校